人を知り、心を動かす

リーダーの仕事を最高に面白くする方法

Noriyuki Inoue
井上礼之
ダイキン工業会長

プレジデント社

人を知り、心を動かす

はじめに

皆さんが、この本を手に取ったきっかけは何でしょうか？

チームのリーダーになったばかりで悩みを抱えているという人。

これからリーダーを目指すに当たって、リーダーシップを学びたいという人。

私が会長を務める「ダイキン工業」のリーダーシップに興味を持っているという人も、いるかもしれません。

それぞれに、何かきっかけがあると思います。

私は１９５７年に大学を卒業した後、新卒で大阪金属工業、現在のダイキン工業に入社しました。初めて部下を持つ、いわゆるリーダーの立場に就いたのは、29歳のときでした。今から50年以上も前の話です。
それから30年後に社長に就任することになります。昇進の中で最もうれしかったのは、初めてリーダーになったときだったと、記憶しています。

長い間、一つの組織でリーダーというポジションにいると、メンバーの数が増えたり、組織が大きく変わったりするものです。
私の部下の数も数人から数十人、数百人と増えていきます。社長就任後には、グローバル展開へと大きく舵を切りました。現在では、世界各国で約8万人の人たちが働いています。かつて地味で収益の上がらない「ボロキン」と揶揄《やゆ》されたダイキン工業。今や空調業界の世界ナンバーワン企業へと成長を遂げました。

もちろん、この50年の間、全てが順風満帆だったわけではありません。

主力事業が窮地に追い込まれた時期もありましたし、私が社長に就任したのは、前年度が赤字決算という危機的な状況でした。

バブル崩壊、リーマン・ショックといった経済危機、ITプラットフォーマーをはじめとする新興企業の台頭、異業種参入が相次ぐボーダーレス化……、企業を取り巻く環境も劇的な変化を繰り返してきました。

その時々で、私もリーダーとして悩み、迷い、考えが変わることもありました。

ただし、私の中で変わらなかったことがあります。

それは「メンバー一人ひとりの成長の総和が、組織の成長の基盤になる」との信念です。そして、その最初の一歩となるのが、メンバー一人ひとりに関心を持ち、深く知ろうとすることです。

こう言うと、リーダーシップ論というより、メンバーを管理するためのマネジメント論のように聞こえるかもしれません。

しかし私は、メンバー一人ひとりを深く知ることができて初めて、彼らに進むべき方向を示し、組織として成果を上げるというリーダーの役割を果たすことができる、と考えています。

皆さんは、
自分のチームのメンバーの価値観をどこまで理解できていますか?
感情をどこまで読み取ることができていますか?
部下の得意分野を知っていますか?
結果が出ない部下の心の状態を知ろうとしたことがありますか?
リーダーがどれだけ素晴らしい戦略を立案したとしても、実行するのはメンバーです。
彼らが動いてくれなければ、成果を上げることはできません。
メンバーの成長がなければ、チームや組織に未来はないのです。

「人を通じて事をなす」
古くからある考え方です。長年の経験を通して、つくづく私もそう思います。

これからお話しすることは、その信念のもとで、私が実践してきたことです。

もちろん、そのまま皆さんのリーダーとしての仕事に活かせるかどうかは分かりません。数人の部下を持つ人もいれば、数百人を束ねる人もいるでしょう。会社のトップとして活躍している人もいるでしょう。なかには、自らベンチャーを立ち上げた人、もしかすると、リーダーになったばかりの人もいるかもしれません。

ただ、どういう立場のリーダーであれ、悩んだり、些細《ささい》なことでつまずいたりすることはあるものです。私も、何度も壁にぶち当たりました。

そんなときに壁を乗り越えるヒントになったのが、先人の言葉だったり、身近にいた先輩、上司、他の企業経営者などからいただいたアドバイスだったりしました。

長きにわたる私のリーダーとしての経験が、将来を担う皆さんにとって、少しでも参考になればと思い、この本を執筆することにしました。

リーダーはその役割を続けるなかで、成長していきます。リーダーは、自分でなろうと思ってなれるものではありません。熱い思いを実現しようと試行錯誤を続ける中で、その姿を見た周りの人たちが「この人はリーダーだ」と認めたときに、リーダーになるのです。

リーダーシップは結果であって、目的ではありません。とことん追い詰められて、どう対処するか？　修羅場での判断が勝負の分かれ目です。

そんなとき、この本で紹介する私の考えや実践してきたことが、いささかでもヒントになれば幸いです。

井上礼之

目次

第2章

一人ひとりに感情がある 言葉がある 夢がある

第3章

叱りなさい　褒めなさい　突き放しなさい　107

第4章

チームを作るとは「一人ひとり」を束ね、動かすこと

第5章 真のリーダーになるために磨くべき資質とは？ 197

終章 223

第1章

私は「人の成長を信じる」と決めている

良いリーダーとは？
悪いリーダーとは？
初めて組織を率いるポジションに就いたときや
責任ある地位の重みに押しつぶされそうになったとき
壁にぶつかったときに
誰もが考えてしまうことだと思います。
私も何度となく立ち止まり、考えてきました。
今でも、考えることがあります。

第1章では
そんな「リーダーとは？」について
私なりの考えを語っていきたいと思います。

Q

初めてチームのリーダーになりました。理想のリーダーとはどんな人ですか？

A

良いリーダーは、「正面の理、側面の情、背面の恐怖」を備えています。

リーダーにはブレてはいけない役割がある

理想のリーダーについて述べる前に、あなたに質問です。

リーダーに求められる役割とは何でしょうか？

私はこう答えます。「成果を出し続ける」ことであり、それを「人を通じて実現する」ことである。この二つを大切な軸として持ち続けています。

まず、一番こだわるべきは、いかなる環境の変化に直面しても、**掲げた目標を必ず達成するという強い意志**です。

さらに言えば、ほどほどの成功で満足することなく、ここまでできたのならもう半歩、もう一歩とさらに上を目指す。そうしてこそ、良いリーダーと言えます。

どれほどの人格者であっても、どれだけ皆から慕われていたとしても、成果が出ていなければ、良いリーダーとは言えません。

好かれたり、嫌われたりすることは、成果を出す過程では当然のように起こり得ること。メンバーがリーダーに抱く感情は、組織の責任者としての責務を果たした結果でしかありません。リーダーは組織の中の葛藤を怖れていては、務まらないものなのです。

二つ目は「**人を通じて事を成す**」ことです。

いかに優れたリーダーであっても、一人でできることには限界があります。

大きな仕事を成し遂げるには、多くの人の関与が不可欠です。全員で得た成果は、メンバー一人ひとりの努力が積み重なったものでもあります。

組織とは指揮命令系統や役割分担を明らかにするものであり、感情を持った個々人の名前が入って初めて機能します。**組織は「仕事の体系」であると同時に「感情の体系」である**ことも忘れてはなりません。組織が狙い通り機能しない場合、その原因は組織形態そのものよりも、配置されている人の組み合わせが悪い場合も多いのです。

集団で事に当たるプロセスで人は成長し、その中で培った信頼関係は、次の大きな挑戦の基盤になります。組織の営みから生じる人間関係。これは見えない資産として蓄積していきます。

リーダーはこうした営み全てに対して、責任があることを自覚せねばなりません。

リーダーとして選ばれるような人は、総じて実務能力が高いものです。いわば、課題を解決し、個人として成果を出す能力に長けた人。そのため、リーダーになりたての頃は「自分が頑張れば何とかできる」という思考へと向かいやすいものです。部下の働きぶりにイライラが募って「もういい。自分がやる」と仕事を取り上げたくなることもあるかと思います。

仮に、メンバー10人の協力で達成する仕事があったとして、それをリーダーであるあなたが一人で終わらせて同じ成果を得られたとしましょう。でもそれは、あなた自身の経験を積み増すことになったとしても、組織としての成長には全く寄与しません。それどころか、あなたが仕事を取り上げてしまったことで、メンバーの働く意欲を削いでしまっているかもしれません。持続的に成果を出し続けるには、組織としての成長を重視すべきです。「人を通じて事を成す」ことにリーダーはこだわらなければなりません。

しかし、人を動かして物事に取り組ませる立場になったわけですから、一担当者で
あったときとは勝手が違います。

「メンバーが思うように動いてくれない」「もっとやる気を出して欲しい」……
これまで自己完結していたときと比べて、もどかしい思いをすることが多くなるで
しょう。それでも、それがリーダーの役割であると心してください。今までとは役割
が違うのです。リーダーだからできること、リーダーにしかできないことはたくさん
あります。

組織を構成するメンバー一人ひとりが成長し、その能力を最大限に発揮することが
できて、初めて成果を出し続けられるようになるのです。リーダーとして、部下の成
長を実感できたとき、あなたはきっと、今までとは違った充実感を味わうことができ
るでしょう。

人格者であっても結果が伴わなければ良いリーダーとは言えない

それでは、どんなリーダーを目指すべきなのでしょうか？

あなたは、どんな人物像を思い浮かべますか？

時代の変革期に目ざましく成長するスタートアップ企業の経営者でしょうか、心に響いた映画やドラマの主人公でしょうか、あるいは先輩や上司、取引先の社長など憧れを抱く身近な人たちでしょうか……。

理想とする姿は、人の数だけあっていいと思います。

逆に、なりたくないリーダー像もあると思います。

私は、様々なタイプのリーダーを見てきましたが、疑問符をつけざるを得ない人もいます。

たとえば、最近よく目にする「部下にとって物分かりの良い上司」がそうです。

部下受けがいいのでメンバーに嫌われることはほとんどなく、組織に波風を立てることもなく、居心地のいい環境を作るのが上手な人です。彼らは、メンバーの自主性を尊重し、任せている気になっています。

しかし、私の経験から言うと、部下にとって物分かりの良いリーダーは、組織に貢献していないことが多いように感じます。

自由放任主義と言えば聞こえはいいですが、要は必要なことを言えていないだけのこと。最初から何ごとも完璧にこなすメンバーなど、なかなかいないものです。大なり小なり指摘しなければいけないことは必ずあります。

メンバーの振る舞いや発言に違和感を覚えたとき、注意や指導すべきところを「まぁいいか」で済ませてはいませんか。「何かおかしい」と感じたら、リーダーはメンバー個人や組織全体に、強く働きかけるべきです。

それは耳に痛い言葉になるかもしれません。一時的に組織の人間関係に緊張感をもたらすこともあり得ます。

それでも、こうしたリーダーの行動は、人の考え方や行いを見つめ直したり、メンバー同士が互いの価値観を改めて確認し合ったりする機会を作ります。そうすることが、人の成長や組織の結束力に良い刺激を与えるものなのです。

物分かりの良い上司の下で働いている人たちは、きっと楽だと思います。しかし、自分の意見の全てが認められる環境では、考え方が独りよがりになりがちです。成長も限定的なものになります。メンバーの能力を最大限に引き出せていないのですから、組織にとってはマイナスになっていると言っていいでしょう。

逆に、「厳しさ一辺倒」のタイプも、どうかと思います。

私が考える良いリーダーとは、チームが成果を出し続けられるよう「人を動かせる」リーダーです。そのために必要なことは「**正面の理（理屈）、側面の情（ぬくもり）、背面の恐怖（厳しさ）**」。これは、戦後の日本を代表し「平成の鬼平」と呼ばれた弁護士、中坊公平氏の言葉だといわれています。

リーダーがメンバーに向き合う際の心構えについて語ったもので「正面切っては論

理的に説明しなさい」「時々側面から人情、愛情をかけてフォローしなさい、情の世界で話しかけたり、受け止めたりしなさい」「この人の前ではいい加減なことはできないという緊張感を持たせなさい。ここぞというときに見せる厳しさは、日常では背面に隠しておきなさい」という意味だと私は解釈しています。

理屈だけでは、メンバーは面従腹背するだけで、チームのために動きません。ぬくもりだけでは、メンバーは律しきれません。厳しさだけでは、メンバーは萎縮するだけで、言いたいことも言えなくなるし、能力を十分に発揮することもできません。

チームで成果を出すためには、リーダーに、「正面の理、側面の情、背面の恐怖」の三つ全てが必要だということです。

Q

良いリーダーになるために まず何から始めれば いいでしょうか？

A

メンバー一人ひとりに
関心を持ち
深く知ろうと
することです。

成果を出し続けるリーダーシップは「メンバーを知ること」から始まる

リーダーは何から始めるべきでしょうかと聞かれたら、私は「一人ひとりを知ることから始めたらどうか」と答えます。

実際に、私が組織の長として常に意識してきたことは、メンバーの資質や適性、潜在能力や個性をできる限り把握すること。そして、メンバーの声に耳を傾け、その時々の状態や気持ちを察すること。

要するに**「この人はどんな人なのだろう」「この人は今、どんな状況にあるのだろう」**と関心を持って接し、深く知ろうとすることでした。

私は、成果を出し続けるリーダーシップは、そこから始まると考えています。

私の根底にある考え方は「メンバー一人ひとりの成長の総和が組織の発展の基盤となる」。これは、私が部下を持つ立場になってから50年以上、一貫して変わりません。

信念といっても過言ではありません。

組織の成長を定量化することはできませんが、個々人の成長は、組織が成果を生み出し続ける力になります。

「メンバーを知ること」が人材育成の王道である

もしあなたがリーダーというポジションにあるなら、改めて自分の心に聞いてみてください。

メンバーそれぞれのことを、どれだけ知っているでしょうか？

どれだけ彼らのために時間を割いているでしょうか？

口では「メンバーのために……」と言いながら、自分の仕事に追われて、メンバーのことを考えている時間などないという人も多いはずです。一度、「今日は徹底的にあの人を知る努力をしよう」と決めて、1日を過ごしてみてください。

今まで知らなかったり、気づいていなかったりしたことが見えてきます。

「こんなモノの見方をするのか」

「そんな得意分野があったのか」

「何か悩みごとでもあるのかも」

「あの人とは人間関係がギクシャクしているみたいだな」

「ちょっと有頂天になっているかもしれない」

「このテーマには目を輝かせて話すのだな」……


話しかけた相手の、不服そうな表情や言葉に気づいたときも、その人のことを知る絶好のタイミングになります。

組織としての何かしらの方針や決定を伝えた際に、たった一人でも納得していないメンバーがいたときは、私は相手が腹に落ちるまで話し合いをするよう心がけました。予定していた数時間では終わらず、定時後に延長したことも、しばしばありました。

一見すると些細なことにこだわりすぎているように思われるかもしれません。周りからは「そんなこと気にしなくてもいいのに」と言われることもありました。でも、これが私にとっては、その人の思いや考え方などを知る貴重な機会になりました。

こうした地道な積み重ねが、組織の強靭さ、実行力を養うことにつながっていくのです。

こうして得た情報をもとに、リーダーとしてメンバーの成長のためにどう働きかけるかを考え、実行していきます。

最初は自信がないでしょうから、働きかけも不格好になるかもしれません。働きかけた結果、想定外のことが起きるかもしれません。それでも、人を育てるには、この方法しかない、その繰り返しこそが人材育成の王道だ、と私は考えています。

Q

優秀だった人材が不振で
どう働きかけてもダメ。
成長を促すために
リーダーはどんな言葉を
かけたらいいのでしょうか?

A

相手を察した言葉でも
届かないときは
「待つ」ことが
ベストの場合もあります。

「待つ」ことがメンバーとの信頼関係をより深くする

どれだけ優秀な人でも、ネガティブな心の状態ではモチベーションが下がり、能力を発揮するのが難しくなります。成長が滞ることもしばしばあります。

皆さんは、そういうメンバーがいたとしたら、どう働きかけていますか。

チームメンバーの成長を強く意識している真面目なリーダーであるほど「何とかしなければ」と手を替え、品を替え、あがくものです。しかし、リーダーの精力的な働きかけにもかかわらず、何をやっても効果が芳しくなく、無力感を感じることさえあるかもしれません。

私の経験からの助言です。

そういうときは、いったん落ち着いて、相手の心の状態を察することに意識を向けてみてください。

そうすることで、道が見えてくることがあります。特に、心配や悩みなど、感情を左右するものに注意を払ってみてください。


人は理知的である以上に、感情に支配される生き物でもあります。悩みを抱えたような、気持ちが後ろ向きのときは、集中力を欠き、今までできていたことが急にできなくなる、それが人間だと思います。

相手の心の状態を知ろうと意識することで、抱えている感情を知り、悩みの本質が見えてきます。その上で、どう働きかけるかは、リーダーそれぞれです。


迷いの淵から抜け出すきっかけを与えるのも、リーダーの役割です。

優しい言葉をかけたり、嫌われる覚悟で叱ったり、ときには修羅場にあえて放り込む、というのも一つの方法でしょう。

しかし、悩みが深すぎると、人は周囲の言葉や気持ちが届かない状況に陥ることもあるかと思います。山あり谷ありの人生で、こうした辛い時期を持たない人はいないのではないでしょうか。

自分の言葉が届かず、思いが響かない。

リーダーを務めていると、こうした状況に遭遇することも、ままあると思います。

そういうときは、**あれやこれやと働きかけることを一切やめて、ひたすら「待つ」**。

それがベストの対応になることも多いのです。


「成長を支援しよう」とするリーダーであれば、待つことは、消極的な態度のように思え、苦痛に感じるかもしれませんが、そうではありません。

待つとは「必ず問題を克服して戻ってくる」との信頼感がその根底にあり「変化のシグナルを絶対に見逃さない」という気持ちで、今まで以上に相手に関心と注意を向けながら見守る姿勢のことです。

気持ちを相手の傍らに置き、言葉よりも態度で支援するという感じでしょうか。

むしろ、通常のコミュニケーションができる状態より、忍耐を要します。


こうした中で「今、この人にどうしても伝えたい」というリーダーの思いが言葉としてはっきりと浮かんできたとしたら、そのときが働きかけをするベストのタイミングかもしれません。そうした言葉は、ちょっとした一言であっても不思議な力を持って人を動かすことがあります。

リーダーが「待つ」ことを実践できたとき、メンバーとの信頼関係はより深いものになります。成長の導き手としてワンランク上の成長ステージに至るのでは、と私は考えています。

心の状態が変われば仕事に対する意欲や集中力が大きく変わる

メンバーの心の状態がネガティブになる原因は様々です。

上司に叱られたとか、ミスをしたとか、思い通りの結果が出なかったとか、仕事上のことかもしれません。もしかすると、失恋したとか、肉親に不幸があったとか、体調が悪いとか、プライベートの悩みかもしれません。

私の経験では、組織の人間関係に根ざしたものが一番多く、悩みが深いと感じます。皆さんも、上司と反《そ》りが合わない、メンバーが思い通りに動いてくれない、同僚とギクシャクする、といった経験が一度や二度はあるのではないでしょうか。実際、会社を辞める最大の理由は、仕事の難しさや厳しさよりも、人間関係の悩みが多いと聞きます。

人は社会や組織内の交わりの中で、様々な人から影響や刺激を受けて、前向きになったり、後ろ向きになったりを繰り返すものです。常にポジティブな状態を維持できるわけではありません。

そんなときに重要なのがリーダーの働きかけです。

前向きになれない理由を聞き、理解した上で、叱ったり、褒めたり、チャンスを与えたりする。意志を持って働きかけ、成長したいというメンバーの思いを刺激することで、挑戦意欲を駆り立てたり、持続させたりすることが重要です。

ちょっと脱線しますが、私自身の入社当時のエピソードをお話ししましょう。会社に入って間もない頃です。

工場勤務の私は、満員の通勤バスに乗るのが嫌で仕方がありませんでした。そのことを考えると会社に行くのも億劫《おっくう》になるぐらいです。それが、ある時期を境に一変しました。

工場の先にある別の企業の女性二人組がそのバスに乗るようになったのです。途端に朝の通勤が楽しみに変わり、仕事に行くのが苦痛ではなくなりました。

それが、仕事にどう影響したのか目に見えるものでは示せませんが、自分の仕事への取り組み方としてプラスの効果があったことは間違いありません。

クスッと笑った方もいるかもしれません。人というのはそんなもの。些細なきっかけで、ポジティブにも、ネガティブにも、変わるものなのです。

その人の身近にいて**「心の持ち方を変える」きっかけを与えられるのがリーダー**です。相手の心の状態を敏感に察知できていれば、適切なタイミングを見計らって、前向きな気持ちになれるような働きかけができます。

また、前述した通り、**待つことも、前向きな心を取り戻させる一つの方法**です。「時薬《ときぐすり》」とか、「日《ひ》にち薬《ぐすり》」といった言葉を聞いたことがあるかもしれません。心に深いダメージを負ったときは、時間でしか解決できないことがあります。リーダーが待つという選択肢を持つことは、非常に大切なポイントだと私は思います。

単に居心地がいいだけの環境を作るのがリーダーの役割ではありません。リーダーがやらなければいけないことは、メンバー一人ひとりが成長できるような心持ちへと誘うこと。メンバーの能力を最大限に引き出せるかどうかは、リーダーの働きかけ次第といっても言い過ぎではありません。

メンバーの成長のために「何ができるか」を考えられない人にはリーダーになる資格がない

メンバーの成長を大きく左右するのはリーダーである。

私は、それくらいの覚悟を持って人材育成にかかわってきました。これからの組織を率いる人にも、そうあって欲しいと願っています。

メンバーの個性を把握しながら、その時々の心の様相に応じて、成長のために何をすればいいかを常に考える。それができないリーダーには、人の上に立つ資格はないとさえ思っています。

私は、人間は本質的に成長を望むものだと信じています。

一方で、成長に不可欠な苦労や苦悩を億劫に感じて、楽な道を選んでしまうのもまた、人間の性《さが》だと思います。

もし、チームのメンバーが「成長したい」、でも「楽をしたい」という両極で揺らいでいるのを察したら、いかにして成長の方に傾くように導くか、そこでリーダーの力量が問われます。

人の成長とは不思議なもので、どんなに潜在能力が高い人でも、大きな壁にぶつかり、伸び悩むときがあります。スポーツの世界でも、天才、逸材といわれた人たちが期待されているような結果を出せず、スランプに陥って思い悩んでいるシーンを何度となく目にしているでしょう。

そうしたときに活路を開くカギは、私は「人」だと思っています。

地球上で一番硬く美しい石といわれるダイヤモンドは、ダイヤモンドでしか磨けないように、**人は人によってのみ磨かれる**ものです。

仕事において原石を磨く力となるのは、たとえば同期入社の仲間であり、先輩であり、後輩であり、もしかすると取引先の担当者や社長かもしれません。

そのような人々の中でも、メンバーの成長を信じ成長できる環境を作るリーダーは、とりわけ大きな力になり得る存在なのです。

Q

今後の活躍が期待できないメンバーがいます。それでも育成する必要があるのでしょうか？

A

人の能力の差なんて
ほとんどありません。
私は、人の成長の可能性を
信じてきました。

組織に貢献する上で人の能力の差はほとんど関係ない

「あいつには期待できない」。そのリーダーの判断が、チームや組織にとって大きな損失につながることがあります。

組織に貢献するという視点から見れば、**人の能力にはほとんど差はない。**

これが、私の基本姿勢です。

会社の中には、新製品の開発や製品の売り上げなど、目に見える形で成果を出す人もいれば、他の人がスムーズに仕事に取り組めるよう下支えする立場で力を発揮する人もいます。

人それぞれに得手不得手、向き不向きがあるのは当然で、様々な仕事がある会社だからこそ、どこかに貢献できる場所が必ずあるはずです。

会社に大きく貢献できる可能性は、誰にでも広がっています。たとえば新入社員の場合、入社した時点ではいわばスタートラインに立っただけ。会社に貢献する力にはほとんど差がありません。それでも何年か経てば大きな差が生まれてきます。その後の成長に違いが出てくるからです。

そこには、本人の努力以外にも、職場環境、運不運、健康など、様々な要因が絡んできます。でも何より影響が大きいのは、その人が成長したいという意欲を持ち続けられるか、どうかです。

メンバーが成長したいと思うような働きかけを絶えず考える。それもまた、リーダーの重要な役割なのです。

ですから冒頭の質問で投げかけられた「今後の活躍が期待できない」との考えから「育成に力をかけない」という姿勢に至るのは、リーダーとしての役割を放棄しているに等しい、と私は思います。

そもそも、人を見る際に留意すべきは、リーダーとしての自分の見立てが間違っている可能性もあるということです。適性を見極められていなかったり、一面しか見えていなかったり、第一印象や先入観を引きずっていたり、していませんか？　思い込みや決めつけはありませんか？「**人が人を評価するのは間違いだらけ**」ぐらいの心持ちで、虚心坦懐に相手の「今」を見るようにすべきです。人は変わるものなのです。

その上で「あの人にこんな役割を担わせてみたらどうだろう」「あの二人をチームとして組ませたらうまくいくのでは」とメンバーの長所だけでなく、潜在能力まで意識しながら、組織の中で生き生きと働いている姿を思い描いてみる。もしかしたら初めの期待以上に大化けするかもしれません。リーダーとしてワクワクする瞬間でもあります。

まずリーダーは「**その人を組織で活かす道は必ずある**」との前提で、育成のために常に考え、具体的に働きかけるべきではないでしょうか。

人は大化けする　だから、人の成長の可能性を信じる

人は心の持ち方一つで、とんでもない力を発揮する。その意味で私は、人には無限の可能性があると思っています。

人の可能性は、頭の良さや学校の成績では測れない不思議なものです。

実際、優秀な学生を輩出するといわれる名門大学出身だからといって、必ずしも社会人として結果を出せるとは限りません。逆に、入社時は目立たない存在だった人が、私たちの想像をはるかに超えて大化けすることもあります。

プロ野球の世界でも、騒がれて入団してくるドラフト上位選手が伸び悩み、ドラフト下位や育成枠で入団した無名選手が活躍するのはよくあることです。

早咲きの人もいれば遅咲きの人もいる

今は人材育成にもスピードを求められる時代になりました。しかし、全てを短期化、効率化できるとは、私は思っていません。マニュアルや育成プログラムだけでは、ある一定レベルまでしか到達しません。

組織に大きく貢献する人や将来を担うような人材の育成にはどうしても時間がかかります。

また、人の成長曲線は一本調子ではなく凸凹があります。リーダーの思惑通りに順調に成長する方が、むしろ少ないかもしれません。

失敗しても再びチャンスを与える。心の状態が悪ければ待つ。早咲きの人もいれば、遅咲きの人もいる。長期的な視点での人材育成に関して、リーダーには懐の深さと根気強さが求められます。

こうした不断の働きかけの何か一つがきっかけとなって急成長する人たちを、私は長い経営者経験の中でたくさん目にしてきました。

一例としてダイキンのグローバル展開の柱の一つである中国事業で大化けした人材の事例を紹介しましょう。


ダイキン工業がグローバル戦略に大きく舵を切ったのは、私が社長に就任した直後の1995年のことでした。

そのとき、グローバル化のカギを握ると考えていたのが、中国への進出です。多様な商品、技術、市場、ユーザーが存在し、多くのライバル企業がひしめく中国で成功すれば、世界ナンバーワンの空調メーカーになれる可能性があると考えていました。


その中国への進出を決めたときに抜擢したのが、当時、近畿地方の販売会社で営業を担当していた社員です。私には、彼が能力はあるのに実力を十分に発揮できないでいるように見えました。

社内で周りの人に話を聞いてみると、どうも上司とうまくいっていないらしい。そこで私は、思い切って中国へ送り出すことにしたのです。

辞令を受け取った彼は、赴任先が中国と聞いて、日本の中国地方担当と勘違いしたほど、国内の空調営業一筋の男です。いきなりの海外転勤の決定に、当初は驚き、戸惑い、前向きに受け止め切れない様子でした。上海の地に足を踏み入れたときに腹をくくったのだと思います。

群雄割拠の中国市場で、しかも日系企業として最後発の進出だったにもかかわらず、前例にとらわれない独自の戦略で次々に結果を残していきます。

ミシン会社と作った小さな合弁会社から始まった中国での事業は、今では3000億円を超える売り上げを誇り、中国で成功した代表的な日系企業の一つと言われるまでの発展を遂げています。

今は大金中国の董事長であり、ダイキンの副社長でもあります。中国に異動した当時の社員が今でも幹部として彼を支え、優れたDNAを引き継ぎ、当社の成長を牽引しています。中国人の社員たちからも尊敬される存在にまで成長した男。そんな彼の姿に刺激を受け、多くの現地従業員たちが目を輝かせて、精力的に働いています。

人はいつ何がきっかけで大化けするか分かりません。入社してすぐに頭角を現す人もいれば、数年のキャリアを経た後に突然、覚醒する人もいます。

その可能性は誰にでもあります。

だから私は「縁あってダイキンに入社してきた人たちの成長を信じる」と決めているのです。

Q

自分とは価値観が全く異なる
いろんな人材を活かすために
リーダーは何を
すべきでしょうか？

A

自分や組織の価値観を押しつけてはいけません。リーダーは、相手が誰であれ知ることから始まります。

自分の価値観を一回捨てる
そして、受け入れてみる

市場も顧客も多様化するなど、外部環境が劇的に変化し続ける、今日のような時代にあっては、**異質な人材をいかに束ねて組織の力にするか**、というダイバーシティを尊重する意識がこれまで以上に必要とされます。自分たちの組織に新たに迎えるメンバーにも、こちらが全く想定できないような価値観や人生観を持つ人が増えてきました。

ましてや海外の人であれば、それこそ言葉も文化も習慣も大きく異なる人たちばかりです。

多様な人材が行き交う組織になると、自分と価値観が同じ人が少なくなり、メンバーの理解を深めるのは大変です。

そこから、相手の立場も踏まえて、どんな仕事や環境を与えればその人の能力を発揮させられるのか、モチベーションに直結する関心事とは何か、どういう伝え方が相手の心に一番響くのかなど、リーダーからどう働きかけるかを考えるのです。一筋縄ではいかず、そのためどうしても時間をかける必要があります。

多様な人材を受け入れる際に、リーダーが心すべきことは、自分の経験から来る価値観を思い切って一回捨てることです。彼らが持つ独特な**価値観をありのまま認めようと自分の意志で決める**のです。

相手のことを理解しようと思ったときには、できるだけ多くの時間を割いて対話をすることです。自分の関心事をぶつけたときに、相手から思いがけない反応が返ってきたり、意外な趣味の一致で盛り上がったり……、違いと共通点を意識しながら対話を重ねれば、おのずと見えてくるものがあります。

あうんの呼吸が通じない相手とのやり取りに身を置くわけですから、初めは神経を使い、疲れ切ってしまうかもしれません。それでも、かけた時間の分だけ、相手への理解は確実に深まっていきます。

相手を「受け入れる」ところから、もう少し踏み込み、相手を「尊重できる」ところまでいくのが理想です。

そうこうするうちに、当初思っていた課題に対して、自分なりの答えが手の届くところに来たような感じになります。相手にこう働きかけたい、組織をこう変えていこう、といったリーダーとしてやりたいことが具体化してくるはずです。

外部から招いたスペシャリストに必ずしも帰属意識は求めない

変化のスピードは年々加速し、取り組むテーマも複雑化してきています。組織の中で育てる人材だけでは十分に対応できません。ましてや他社に先んじることはより難しくなってきています。スキルのある人材を外部に求め、他の組織との協業や連携も多くなるでしょう。

現にダイキンでも、データサイエンティストなどの特定分野に秀でた人材を外部から迎え入れています。こうした人材は、社内の人材とは全く異なる価値観を持ち合わせていることがよくあります。当然ながら、リーダーの対応も異なってきます。

スペシャリストといわれる人は、一般的に、一つの会社で働き続けるという意識は希薄です。その会社で求められたことをやり遂げたら、また別の会社で自分の技術や頭脳を活かすといった働き方です。今の時代に合った生き方の一つと言えるかもしれません。

こうした外部から招く人材に対しては、私は必ずしも帰属意識を求めないようにしています。

独自の企業文化や経営理念、価値観を押しつけるようなこともしません。

こちらが彼らに求めるものは、自分たちにはない技術や頭脳で、彼らが求めるものは自分を高められる環境と報酬です。

ただし、期間限定であっても同じ目標を目指す組織の一員なのですから、**ロイヤリティは求めずとも、成果にはこだわってもらわなくてはなりません。**彼らの自尊心を満たし、彼らの思考法やノウハウを組織のメンバーに伝授しやすくする。こうした環境を作るのも、やはりリーダーの役割です。

異質、多様性を受け入れ、活かせる組織風土を作る。これが、これからの時代のリーダーの必修科目になります。そうすることでリーダー自身の価値観を測る物差しが柔軟になっていき、受け入れられる度量も大きくなっていくはずです。

第2章

一人ひとりに
感情がある
言葉がある　夢がある

リーダーの役割は
メンバー一人ひとりを知ることから始まります。
しかし、人を知るというのは容易なことではありません。
一人ひとり性格も異なれば、
得手不得手も違い、置かれた状況も様々です。
一人として同じ人間はいないのが現実です。

第2章では
そんな一人ひとり異なる個性を理解するために
リーダーはどのようなことを心がけるべきか?
私が思うことを話していきたいと思います。

Q

メンバーの成長のためにできる最も大事なことは何ですか？

A

「前向きのスイッチ」を押すきっかけを作るのがリーダーです。

成長するために大事なことは気持ちが前向きな状態

リーダーには、メンバーの育成のために伝えなければならないことがたくさんあります。仕事に対する姿勢、ものの考え方、行動原理、相手への気配り……。

しかし、気をつけなければなりません。「メンバーを育てて、成果を出す」という意識が強くなり過ぎると、見失いがちになることがあるのです。

それは、「組織は人の集まりである」という当たり前のことです。

人にはそれぞれに感情があり、言葉があり、夢があります。置かれている状況も違えば、期待されていることも違います。もっと言えば、性格も価値観も、そのバックグラウンドとなる育った環境も、ライフスタイルも異なります。

こうした当たり前のことを見失うと、誰もが持っている可能性を広げることができなくなります。それは、メンバー一人ひとりの成長にブレーキをかけるようなものです。

あなたは、これまでの経験のなかで、自分自身が一皮むけたと感じることができたのは、どのようなときだったでしょうか？

自分がやりたかったことをやり遂げたとき、今までできなかったことができるようになったとき、あるいは時間をかけてやっていたことが短時間でできるようになったとき、周囲の人に褒められたり認められたりしたとき……。

自分自身の成長を実感したという経験は、人それぞれだと思います。

自分にはその意識がなくても、上司や同僚などの立場から客観的に見ると、大きく成長しているということもあります。

様々な仕事を通じて悩みに悩み、苦労を重ねた体験、何度も失敗した苦い思い出などは、その結果にかかわらず、人間としての幅が広がる本質的な成長につながることが多いような気がします。

成長するために大事なのは、気持ちを前向きな状態にしておくことです。

人は感情を持つ生き物ですから、いろいろな影響で前向きな状態を維持するのが難しくなるものです。上司の叱責や仕事上のトラブル。挑戦意欲の湧かない仕事、ライバルの活躍。悲観的に物事を見れば、気持ちがネガティブになる材料には事欠きません。しかし、セルフコントロールの上手な人は、そうした刺激さえも、前向きにとらえ、発奮材料にするなどして自らのエネルギーに変えていきます。

大げさに言えば「**心の持ち方しだいで人生は変わる**」のです。もし、心の持ち方をポジティブに変える「前向きのスイッチ」があるとしたら、自分自身で診断して早々にそのスイッチを押すことが最善ですが、そう簡単にいかないのも現実なのです。

「心の持ち方」を自己管理しようとする本人の努力も欠かせませんが、その人の「今」の状態を推察し、前向きのスイッチに手が届く場所にいるのがリーダー。その役割は、想像以上に重要なのです。

気づきやヒントを与えたり、背中を押したり、一緒に考えたり、悩んだり……。ときには厳しく接し、刺激することも、成長のきっかけを与えることにつながります。

たとえば、メンバーの心に「こうなりたい」との思いが芽生えるときがあります。

「この技術を身につけたい」

「もっと売れるようになりたい」

「取引先に信頼されたい」

「完璧な資料を作りたい」……

リーダーはこのときを逃さず、その思いに寄り添って背中をそっと、ときには強く押してあげる。

思いを形にしていく経験は、次の思いを生むことにつながります。そうした流れができてくると、メンバーは自ら具体的な目標を掲げ、積極的に動くようになります。

Q

一人ひとりを知る
と言っても
チームのメンバーが
多過ぎます。

A

1日では無理かもしれませんが
時間をかければ
一人ひとりを深く知ることは
できるはずです。

メンバーが多いことはリーダーとして「知る努力を放棄する」理由にはならない

「一人ひとりに関心を持ちなさい」と言うと「関心を持てる限界は何人ですか？」といった質問を受けることがあります。

その質問の背景には「忙しくて時間の制約もあるのだから、限界はありますよね」といった意識が働いていると思います。あえて厳しく言えば、**関心を持つことに人数制限などありません**。リーダーとしては、人数が多ければ多いほど様々な人を知ることができて面白いものです。

時間がないというのは、単なる言い訳。

対象が多過ぎるからといって、知る努力を放棄する人は、リーダー失格と言っていいでしょう。

仮に100人の組織の責任者となったら、1日では無理かもしれませんが、1カ月、

2カ月、3カ月と時間をかければ、一人ひとりを深く知ることはできるのではないでしょうか。

そのときリーダーが心に留めておかなければいけないのは、世の中には誰一人として同じ人間はいない、ということです。だから、成長への働きかけ方も、タイミングも違って当然。あの人にはあの働きかけでうまくいったから、この人もうまくいくとは考えないことです。

絶対的な正解はありませんから、リーダーの働きかけが全て、メンバーの成長につながるとは限りません。

それでも、深く知ることができて初めて、リーダーは、メンバーそれぞれにどのようなきっかけを与え、どんな機会を作れば成長できるかを考えられるようになります。

普段から一人ひとりの状況や状態を把握し、その人の成長に思いをめぐらしておけば、突発的なことが起きたときに、最も適している人物を抜擢することもできます。

「知りたい」と真剣に思うならできることはいくらでもある

私が人事部長だった頃のエピソードを紹介しましょう。

当時、私は、毎年年末に部員全員に、今後やりたいこと、自分の人生について考えていることなど自由なテーマで、私へ手紙を書いてもらうということを続けていました。

もらった手紙には、私のコメントを赤ペンで書き込んで1月中に返します。文章で書き足りない場合には口頭で伝えることもありました。人事部員と私との年末年始の文通のようなものです。

きっかけは、自分自身への反省からでした。

人事部長を任された私は、すぐに部の改革に着手することにしました。ところが「人事部をこうしたい」という自分の思いが強すぎて、初めは「ああせい、こうせい」

とうるさく指示をするばかり。しばらく経っても人事部員の反応は鈍く、改革の兆しさえ感じられません。

「このままではいけない。皆はどう思っているのだろうか。一人ひとりのことをもっと深く知らなければ、何もできない」と考えあぐねた末の結論が、この手紙のやり取りでした。


自分の気持ち、問題意識、悩みなどを、相手に伝わるように文字にまとめるには、自分自身を客観的に見つめる必要があります。

そうして書かれた部員の文章は、その人の人柄や思いの強さ、悩みの深さなどが行間から感じられるものでした。

普段の対話では言いにくいこと、忙しさにかまけて放置していたような問題など、ドキッとさせられるような内容もありました。

彼らの真剣な言葉には、こちらも居住まいを正して向き合わなければなりません。どういう伝え方をすれば相手が心の底から納得するのか、頭をフル回転させて返事をしたためました。なかには組織の改革に関するような問題意識の高い提案もありました。

返事を書くのは仕事が終わった後、毎晩深夜1時くらいまでかかったと記憶しています。

言葉の真剣勝負です。

こうした手紙のやり取りを通じて、改めてまだまだ皆を理解できていない自分に気づかされることになりました。そして、私の考え方や思いを個々に深く伝えることができた、との手ごたえもありました。

当時入社2、3年目の人事部員だった現在の社長は、私のコメントで真っ赤になった手紙を今でも取っておいてくれているそうです。また、退職した女性社員から数年後、手紙の思い出が書き添えられた年賀状をもらったこともありました。

一人ひとりの顔を思い浮かべながら書いた返事が、その後の人生に何らかの形で役立っていたとしたら、うれしい限りです。

こうした手紙のやり取りなど、今の時代においては、いかにも古風に映ることでしょう。もちろん、今の時代に同じようなやり方を勧めているわけではありません。

私が伝えたいのは、リーダーとして**「メンバーのことを知りたい」と真剣に思うなら、できることをいろいろと考えて、実行する**のが大切なのです。

メンバー一人ひとりに焦点を当てるのは、何も特別なことではありません。しかし、その重要性に気づき、どこまで本気で徹底できるかは、リーダーの覚悟の強さによって違ってくるのではないでしょうか。

そして、組織の本当の成長は、リーダーがそう覚悟を決めたときから始まる、と私は考えています。

Q

デジタルツールが発達し、テレワークも進むなかメンバーと直接会う必要はあるのでしょうか？

A

デジタルの時代こそ「face to face」で対話する機会を大切にすべきです。

五感を使って同じ空間を共有すると共感力が高まる

デジタルツールが進化した現代は、面と向かって話さなくてもコミュニケーションがとれるようになりました。

オンライン会議システムを利用すれば、わざわざ出張しなくても遠隔地にいる相手と会議ができます。業務内容にもよりますが、デバイスさえあればオフィス以外の場所でも仕事ができます。実際、新型コロナ禍の影響で、リモートで家に居ながら業務をこなす新しい働き方も増えました。

ＡＩやＩｏＴなどの技術がより進化すれば、コミュニケーションの形はさらに変わっていくでしょう。デジタルツールは、スピードや変化を求められる時代には不可欠となっています。こうしたツールの活用はどんどん進めるべきです。

一方で、そういう時代だからこそ、むしろ**「face to face」（フェイス　トゥー　フ**

エイス）、膝を突き合わせての対話はより重要になる、と私は考えています。こうしたアナログなコミュニケーションには、**人の心の奥にある本音や思いを感じ取りやすい**といった利点があるからです。

表情や声の変化、言葉だけでない身振りや手振り、その人の醸し出す雰囲気などは、目の前のリアルな状況に身を置いてこそ、直接感じることができます。相手の反応を見ながらかける言葉を選ぶなど、より深い信頼感や安心感を与えることもできます。その場にいる雰囲気に引き込まれ、ふともらした何気ない一言に、その人の本音が隠れているかもしれません。

ダイキン工業は、約8割を海外売り上げが占めるグローバル企業に成長しました。ダイキンのマネジメント手法が言葉も文化も習慣も異なる人たちに受け入れられている理由の一つは、大事なことはできる限り直接顔を合わせて対話するように心がけてきたから、ではないかと考えています。

これは私の実体験に基づくものですが、そういう海外の人たちと初めて一緒に仕事をするときに、face to face だと打ち解けやすいものです。現地で実際に対話した蓄積があれば、その後の電話やリモート会議などでの報告であっても、内容を現場感覚でリアリティを持って聞けるといった側面もあります。

私は、世界中の各地域に年に5、6回は出張し、直接現地でコミュニケーションをとるようにしてきました。

なぜ、そこまでこだわるかといえば「現地幹部一人ひとりをこの目で見極め、じっくりと話を聞いてやりたい」ということに尽きます。自分で直接、雰囲気を感じるからこそ「この拠点は暗くなっているな」「あいつにはもっとチャンスを与えてみよう」といったことも見えてきます。

海外の幹部会議で大事にしていることは「フォーマル」と「インフォーマル」の使い分けです。フォーマルな昼間の会議の場では、できるだけ多くの関係者に参加してもらい、1～2日間にわたり彼らの話を聞きます。まずは聞き役に徹する。そして会議の最後に数時間かけて膝詰めのディスカッションを行います。本来であれば、ダイキン本社の役員会で決めるようなことも、その場で即断即決していきます。「決める」ことが長い会議を共にした参加者の納得性を高め、組織の一体感を強めるのです。これは私が信条とする「衆議独裁」の一端ですが、大手企業でこうした取り組みをしている事例はあまり聞いたことがありません。

そして夕刻からは海外の現地幹部を夫婦で招いて食事をしたり、音楽を一緒に聞いたりする機会を設けます。インフォーマルなコミュニケーションの場です。なぜそうしたことを続けてきているか。

昼間の会議だけでは「裃《かみしも》を着た議論」に終わる恐れがあるからです。企業内の情報というものは、下意上達のプロセスの中で、フィルターがかかります。現場にある雑多な事実が混在した情報を「泥水の情報」といいます。そこから担当部署や担当者が上に報告しにくいこと、隠しておきたいことなどの不都合な部分を意図的に取り除いていくと、体裁のいい情報ばかりの、いわばミネラルウォーターに変わってしまうのです。そのようにして上がってきた「真水の情報」に頼ると、足をすくわれます。

オフィシャルな会議の場では言いにくいことも、パーティなどの寛いだ雰囲気の中では本音が言えることもあるでしょう。そうしたフランクなさりげない対話を続けることを心がけています。

現場ならではの独特の空気感や現地の人に受け継がれてきた考え方などは、その場でやりとりするからこそ、感じ取れることがあります。

それは、相手側も同じでしょう。私たちが目の前にいるからこそ、現地の人も、私たちの言葉だけでなく、思いを感じ取れることはあると思います。

人間関係を広げるのがデジタル
深めるのはやはりアナログ

face to face には、現場ならではの情報が得られるだけでなく、同じ場所、同じ空間、同じ感動などを共有することで、そこに居合わせた人たちに一体感を生む効果があります。

特に海外など物理的に離れたところにいて、普段は電話やメールだけの交流になりがちな人たちほど、対面で得られる共有体験は価値が高い。同じ組織の一員として共通の目標を目指す上で、意義ある時間になると私は考えています。

それは、リモートワークが常態化することによって、オフィスでの交流が少なくなることが推測される日本においても、同じです。

何人も人を介してようやくつながっていた相手と一瞬にして面識を得ることができるなど、多くの人間との関係を築き、維持する上でもデジタルツールの利便性には目を見張るものがあります。

しかし、相手との関係を深めるにはそれだけでは足りません。

ビジネスなら、自分や自分の会社を知ってもらい、相手や相手の会社を知ってようやく話が始まります。大きな仕事になればなるほど、お互いの信頼関係の基盤なくして、うまくいくことはありません。

これからも、**face to face は相手との距離を縮め、お互いの理解を深める強力な武器であり続けるのではないでしょうか**。デジタルツールの利便性に頼り過ぎて、アナログのコミュニケーションをおろそかにしてはいけません。

これからのリーダーには、**日常ではオンラインで頻繁にコミュニケーションをとりつつ、必要に応じて対面で深い対話を仕かける使い分けのセンスが重要**になると思います。

Q

メールで何でも済ませる部下。話しても本音を引き出せません。どうしたらいいでしょうか？

A

「困ったことはないか？」で本音は引き出せません。雑談をしましょう。

メンバーと本音で対話しようとするなら リラックスできる雰囲気がいい

リーダーとメンバーが本音で語り合えるようになるには、相当な時間を要します。日頃、上司が仕事を通じて交わす部下との短い会話は、必ずしも言葉と本心がイコールとは限りません。むしろ、部下が上司に対して最初から全てをオープンにすることはほとんどない、と思って対話に臨んだ方がいいかもしれません。

昨今、体制順応型の若者が増えてきていることを考えると、その場の体裁をとりつくろう言葉であることも往々にしてあるでしょう。

「この人はどういう人なのだろう？」と注意深く観察しているのは、いつの時代も上司より、むしろ部下の方なのです。往々にして、リーダーが10人のメンバーを評価するより、10人のメンバーがリーダーを評価する方が正しいものです。

付き合いの浅いうちは、本音で語り合うことは容易ではありません。できるだけ、話す機会を多くし、相手の真意が何かを推察しながら話すことで、メンバーとの心理的距離を少しずつ縮めていくことが必要です。

だからといって、かしこまった面談の場を増やしなさいというわけではありません。メンバーとできるだけ本音で対話しようと考えるなら、どちらかというとリラックスできるシチュエーションの方がいいと思います。

そういう意味では、休憩時間や仕事が終わった後の雑談は非常にいいものです。相手によっては、食事会や飲み会もいいでしょう。

私が人事部長の頃の話ですが、私は夕方になると、いつも、近くにいる2、3人に声をかけて雑談するのを習慣にしていました。少し大きな声で話していると、さらに数人、私の机の周りに集まってきます。

気づけば、ちょっとした集団の雑談会が始まるのが日課になりました。人事担当役員時代も含めて15年くらい続いたと思います。

話す内容は、世間話や趣味の話、私のプライベートでの旅行の話などから、その日の仕事や会社のイベントのことなど、実にさまざま。

かしこまった会議ではないので、参加者も話しやすいのでしょう。そういう雰囲気だと、雑談に加わり始めます。こういうリラックスしたときの会話ほど、メンバーの本音や個性、部署の潜在的な課題、新たな提案が出てくるものです。

そこで初めて「この人はこんな考え方をしているのか」「この人からはこんなアイデアが出てくるのか」など、メンバーの新しい一面に気づくことがあります。

それが雑談のメリット。何時に集まるといったルールを決めているわけではなく、そのときにその場所にいる人たちが、何となく集まって話をする。その気軽さが、つい本音が出る雰囲気を作っていたのだと思います。

もちろん、強制はしていませんから、雑談会に全く参加しない人もいました。そういうのが嫌いな人もいますから、それはそれでいいのです。

当時、私はそんな人ほど、できるだけ自分の近くにその人の机を配置するようにしていました。雑談会に参加するのが苦手なタイプの人とはコミュニケーションが少なくなるので、そうしておけば、日常業務のなかで少しでも会話する機会が増えるからです。

メンバーとコミュニケーションを取ろうと思えば、工夫次第でいくらでも機会を作ることができます。話す時間がないとか、スケジュールが合わないとかいうのは、単なる言い訳に過ぎません。

リーダーは、たとえ細切れであっても、できる限りメンバーとの対話の時間を作ろうと自分に課すことが重要なのです。

メンバーと話すときに気をつけるべきことはロジカルになり過ぎないこと

メンバーから本音を引き出すのは本当に難しいものです。

成長したい、自分を認めて欲しい、知ってもらいたい、といった願望がある一方で、自分を良く見せたいと思うのは当たり前。「腹を割って話そう」とか、「本音で語ろう」と声をかけたところで、全てを本音で語ってくれることはほとんどありません。

逆に、本音を聞き出そうとして自尊心を傷つけてしまい、心を閉ざされてしまうことさえあります。

「この人のこの雰囲気だったら話してもいいかな」という環境が作れたときにポッと、相手の本音が出てくるものです。そういう意味でも、お互いがリラックスした状態で話せる雑談は有効だと思います。

私がメンバーと話すときに気をつけていたことは、ロジカルになり過ぎないことです。

リーダーが理論や理屈を話せば話すほど、堅苦しくなり、聞いている方は自然体から かけ離れていきます。表面でとっている態度と本心がイコールでないことも多くなります。そうなると、面従腹背になっていくものです。

本音を引き出そうと思ったら、ロジカルよりノンロジカル。

対話のなかに明るさがある方が、メンバーもリラックスして話せるものです。

リーダーは、メンバーから困っていることを聞き出すだけでも、ひと苦労です。「困ったことはないか？」とストレートに聞いたところで、本音で答えてくれる人はほとんどいないでしょう。

困っていることはないか？ と聞かれて、部下がいったん考えてから出してくる答えは、リーダーの顔色を見たり、評価のことを気にしたりして本音でないことが多分にあります。人とは、そういうものです。

メンバーから困っていることを聞き出したいなら、まずは相手が仕事でうまくいった話とか、相手が得意な話から入ることです。そうすると、会話の途中でメンバーから困ったことを話してくれることもあります。

たとえば営業担当者に「よくあの会社と契約を結ぶことができたな」と話しかけると「その仕事はうまくいっているのですが、実は別の仕事がちょっと……」と、悩みを打ち明けてくれることもあるでしょう。

メンバーから話しかけてきたときも、本音を聞き出せる貴重な機会です。しかし残念なことに、タイミングが悪いこともよくあります。なかには忙しいときに限って声をかけてくる間の悪い人もいます。

やむを得ず断ることもありますが、このときにリーダーは、都合の良い日時を指定して、改めて話を聞く約束をすることです。

声をかけてくるのは、リーダーに対して親近感を持ち、その人にとっての関心事について聞いて欲しい、というサイン。もしかしたら、意を決して相談に来たのかもしれません。次の約束もせずに断ると、そのメンバーが相談に来ることは二度となくなる可能性があります。

相談事を受け止め、悩みを共有し、少しでも役に立てるように努力すれば、そのメンバーとの信頼関係は強くなっていきます。

メンバーとの対話では9割は聞く側に回る

気をつけることはまだあります。それは、リーダーとメンバーが同じ情報を共有できるよう、日頃から心がけることです。

上司と部下では、会社での立場が異なるため、持っている情報量に差が生じ、同じ前提条件に立ったフラットな対話が成り立たないことがあります。

そのため上司は、部下に情報を与え、共有した内容について「自分はどう思うのか」を考えさせるステップが対話の前に必要になります。組織の課題に対する思考を習慣づけるわけです。

そしてリーダーは、メンバーとの対話では、とにかく聞く側に回ることです。

極端な話、9割は聞く側に回らなければ、相手の本音を聞き出せないと思っています。私は、課長よりも部長、部長よりも役員、役員よりも社長とポジションが上がれば上がるほど、聞く側に回る意識を持たなければいけない、と考えています。

自覚はないかもしれませんが、上司と部下との対話では、たいてい上司が話している時間の方が長くなります。聞くことに徹していたつもりでも、会話が終わったときには、上司の方が何倍も長く話していたというのはよくあること。実際に部下の話している時間が長かったとしても、そうした印象が残りやすいのです。

とにかくリーダーは、話したくなっても我慢すること。

意識して自分を抑えないと、なかなか聞く側には回れません。リーダーの話に熱が入ってくると、それだけで部下は遠慮し、話しにくくなります。

メンバーの話に**うなずき、相槌を打ちながら、丁寧に聞く**。これが基本姿勢です。

二十代のころ工場の公害問題で地域住民との交渉に当たりました。会社の言い分ばかり言おうと思うと、聞く耳が消えて一方通行になります。言葉が人を動かすには誠心誠意聞く側に回ること、言ったことは必ず実行すること、そして真実の対話が必要だと思います。

自分が話さないようにするコツを一つ。目の前の相手に対して「愛情」を持つことです。

愛情が大げさなら関心とも興味とも言い換えてもいいでしょう。本当にその人のことを知りたいと思っていれば、自然と真剣に耳を傾けるようになります。

発言していない人にこそ意識して目を向ける

会議や打ち合わせなど、リーダーと複数のメンバーで話す機会は、1対1より多いかもしれません。そんなときに気をつけるのは、発言していない人に目を向けることです。

理想的には、参加している全員に積極的に話をしてもらいたいところですが、なかには発言することに消極的な人もいます。

会議においては、全員に均等に発言の機会を与えることを気にしすぎるリーダーもいます。私は、会議で発言する時間や回数を同じにすることは、それほど重要でないと考えています。

そのときの一人ひとりの心を察して、話す機会を与える。発言したくないときは、そっとしておいてあげる。

言葉にしてもしなくても、会議に参加している以上は、何らかの意見を誰でも持っているはずです。先頭を切って発言するのも、じっくり考えてから発言するのも、答えが出なければ発言しないのも、ある意味、意思表示の一つだと私は受け止めています。

まだ考えがまとまらないとか、テーマに興味がないとか、今は話したくないとか理由は様々でしょう。

発言しない人たちに無理に話を催促するよりも、その人たちの表情や態度を見るように心がけています。

注意深く観察していると、発言はしなくても――賛成なのか、反対なのか、楽しいのか、つまらないのか、考えていないのか、どちらでもいいと思っているのか、迷っているのか――など、何となく察しがつくようになります。

リーダーとして、それぞれのメンバーの気持ちを推し測りながら、黙っていた人に水を向け、発言を促してみることもあります。

沈黙していた人から思ってもみなかった斬新な意見が出てきたり「そこまで強い思いを持っていたのか」と参加者が心を動かされたりすることもあるのです。

Q

苦手なメンバーとはどう接したらいいのでしょうか？

A

苦手な人ほど
自ら近づいて
相手を知ることが
大切です。

いじめっ子から学んだ話してみることの大切さ

リーダーも人間ですから、相性がいい人もいれば、反りの合わない人もいます。だからといって、苦手意識のある相手への働きかけに消極的になっては、もちろんリーダーとして失格です。

自分が理解しにくいと感じる人であるほど、知る努力を惜しんではいけません。

自分が知ろうとしていないから、相手との距離が縮まらないだけです。そういう人ほど、相手に新しい一面を発見したとき、その人に対するイメージがガラリと変わるものです。

私は、苦手な人ほどできるだけ自分から近づくように心がけてきました。

それは、子どもの頃の体験が大きく影響しています。

小学生の私は、いじめに悩んでいました。周りの子どもたちから「異人さん」とやじられ、執拗ないじめを受けていました。

おそらく、幼い頃の私は色白で、髪は柔らかく茶色がかっていたからでしょう。体も大きく、出過ぎる性格で目立ってしまい、人から誤解を受けることもありました。太平洋戦争中で、学校ではすっかり敵役《かたきやく》です。

先祖代々、農業や林業に携わる家の子が多かった京都市北部の学校で、父が米国帰りの京大教授だったこともいじめの原因になりました。

学校への行き帰りの道で毎日のように待ち伏せされたりもしました。ガキ大将を中心に10人くらいが輪になって私を取り囲み、「異人さん」「スパイや」「生意気言うな」などと、ののしられました。

皆が寄ってたかって手を出すことはありませんでしたが、よく小競り合いになりました。一時は学校へ行くのが嫌で嫌で仕方がありませんでした。

そんなある日、ふと「あいつは何を望んでいるのだろう」と思いつき、犬を連れていじめっ子の家を訪ねてみたのです。

そこで1対1でいろいろ話をしてみると、学校ではガキ大将の彼に意外なほど気弱なところがあることに気づきました。「こんな一面もあったのか」と感じたとき、それまでの苦手意識は、あっさり消えてしまいました。

それ以降、ガキ大将との距離は、急速に縮まりました。

考え方が違う人にこそ多くの学びや気づきがある

苦手な人の「良いところ」を知ることで、その人のイメージがガラリと変わる。そんな考え方は、工場に勤務していた時代の経験から、さらに強くなります。

それは猛烈な台風が来たときのことでした。

各部門の責任者が集まり、台風がひどくなる前に社員を帰らせなければいけないと会議をしていたときに、議論の流れのなかで、他部門の部長が私の属する総務部の批判をしてきたのです。私は、その部長から嫌われていると思っていたので黙って聞いていたのですが、一刻を争うときに話す事柄ではありませんでした。

それでも、部長の総務部に対する批判は続きます。台風の上陸も刻々と近づいてきています。時間的な余裕があれば部長の話に耳を傾けてもよかったのですが、社員の身の安全を考えると、先を急がねばなりません。

当時総務部の課長だった私は、意を決して「今は従業員を早く帰らせることが先でしょう！」と怒鳴りました。

その翌朝でした。私を毛嫌いしているはずの部長が、年下である私に頭を下げにきたのです。

驚くと同時に、こういう良いところに気づけていなかったことを反省しました。自分が苦手だとか、合わないとか思っているのは、一面を見ていただけ。人には必ず良いところがあることを教えられた貴重な体験でした。

苦手を苦手なままにしていると、その人を深く知ることは絶対にできません。

自分から近づく努力をして、その人はどんな人なのか、何に興味があるのか、そして、その人の「良いところ」はどこかを探すことです。

特にリーダーとメンバーの関係の場合、リーダーから近づく努力をしなければ、部下から近づいてくることはまずありません。そのままにしていると、メンバーが成長のきっかけをつかむのが難しくなります。

自ら近づく努力をするのは、リーダーの大きな責任でもあります。

相性がいい人や気が合う人は、そもそもどこか自分に似通ったところがある人です。逆に合わない人は、正反対の性格をしていたり、違った視点を持つ人だったりします。どちらの人が多くの学びや気づき、新たな発見を与えてくれるか？　実は苦手な人や相性が悪いと思っていた人たちなのです。そういう人たちは、自分に良い刺激を与え、成長させてくれる大切な存在でもあります。

第3章

叱りなさい
褒めなさい
突き放しなさい

リーダーとしての大きな役割の一つは
人を育てることです。
ただし、複数のメンバーにリーダーが
同じように働きかけたとしても
皆が同じように育つとは限りません。
成長曲線も、人それぞれ。
育成手法に一律の正解は存在しないのです。

第3章では
そんな一人ひとり異なる人材に対して
リーダーとしていかに働きかけていくのか
私の考え方をお伝えしたいと思います。

Q

成長する部下、しない部下見極めることはできますか？

A

成長する人は挑戦し続ける人です。

挑戦することは
それだけで成長の糧になる

私は、成長する人は挑戦し続けることのできる人だ、と考えています。

高い目標や課題に向かって行くときは、自分で勇気を奮い立たせなければ前に進めないものです。目の前の壁に正面から立ち向かう人は、当事者意識が強く、どんなことも主体的にとらえようとします。

逆に、責任が重い仕事を避けようとする人は、自分の仕事でもどこか他人事と感じているところがあります。

少し逃げてもそこそこの結果が出る仕事を繰り返し、それで満足することに慣れると、つい安易な方向に流されてしまうものです。

同じ仕事でも「自分事」として主体的に手がけるのか、やらされていると思いながら受け身で従事するのか、その取り組む姿勢しだいで、その後の成長に大きな違いが生まれてくるものです。

少し無理かなと思っても、高い目標への挑戦を経験すると、そのときには結果が出なくても、何かを得ることができます。

たとえば、初めてのことに真正面から取り組めば、思ってもみなかった新たな知識や情報、技術などが身につきます。

何とか成功しようともがき試行錯誤を繰り返すことで、考察力や洞察力、判断力なども鍛えられるでしょう。周囲の力や知恵を借りる術《すべ》や、組織を動かす方法を学べるかもしれません。様々な人との交わりから、組織の一員としての影響力が高まることもあるでしょう。

仮に結果が悪かったとしても、それだけの経験を蓄えられれば、一歩踏み出す前の自分より成長しているのは間違いありません。何より自信になります。その繰り返しが、また次のチャレンジの糧になり、さらなる成長につながります。

もっとも人間ですから、前向きな気持ちを常に持ち続けていられるわけではありません。ミスしたり、失敗して悩んだり、落ち込んだりすることもあるでしょう。プライベートでは、恋愛ごとや家族の病気などが原因で、前向きになれないこともあります。

また、成長したいとの思いがありながら、怠けたい、楽をしたいと思ってしまうのも人間です。それなりに結果が出ていたり、自分なりに満足したりすると、苦労してまで新しいことに挑もうという気持ちにならないでしょう。

前向きになれない。

そんなときに重要なのが、リーダーの働きかけなのです。

失敗する人にはチャンスを与え続ける

挑戦が、全て思い通りの結果を生むわけではありません。

むしろ、失敗することの方が多いでしょう。

挑戦すればするほど、失敗の数は多くなるものです。何もしなければ、失敗することもありません。


誰もが好んで失敗するわけではありません。成功しようと試行錯誤した結果、うまくいかないことの方が多いのが現実です。

もちろん、同じミスを2度、3度繰り返すのはいけないことです。しかし、謙虚に反省し、そこから何かを学べれば次につながるものなのです。とがめる理由などどこにもありません。

リーダーが失敗の責任追及ばかりすると、メンバーは萎縮し、挑戦することに臆病になります。

失敗したメンバーを鼓舞し、新たな目標に向かわせるのが、リーダーの大切な役割であって、部下の意欲にブレーキをかけることではありません。

だから私は、**「前向きな失敗」をとがめない**ようにしています。

私は、仮にその挑戦による失敗が少しぐらいの損失になったとしても、それは「人を育てるための授業料」だと考えることにしています。

いろいろなつまずきを経て、やがて自分の能力を最大限に発揮できるような人材に育ってくれれば、後に何倍、何十倍にもなって組織に還元されると信じています。

前向きにチャレンジした結果うまくいかなかった人には、何度でもチャンスを与えます。なぜなら、**何度も失敗しているということは、挑戦を続けている証明でもある**からです。

私は、挑戦し続けられるのは、簡単に真似のできない類いまれなる才能だと思っています。
その才能を理解し、伸ばせる環境を与えるのが、リーダーの役割なのです。

出る杭は打たない
出る杭を作る

メンバーの挑戦意欲を削がないためには、出る杭を打たないという姿勢が大切です。他の人とは少し変わった考え方をする人、極端な主張をする人、珍しいことをする人のような、いわゆる「出る杭」となる人は、ともすれば組織の和を乱すことがあります。周りからも浮いてしまいがちです。

しかし、そうした常識でくくりにくい人のアイデアや行動が、新たな挑戦のきっかけとなり、ときに常識を覆すような取り組みにつながるものです。既成概念にとらわれない発想は、変革期の時代だからこそ必要だと思っています。

最近は、そうした尖《とん》がった人材が少なくなったと言われます。以前は、盛んに自己主張をする人がいて、職場の出る杭になっていました。

新入社員を見ていても、昔は会社の方針に唯々《いい》諾々《だくだく》と従うのではなく、問題意識を持ってとらえ、自分の考えを堂々と述べ、異を唱えたりする人が毎年のようにいました。ところが、今は思っている本当のことをなかなか口に出しません。聞き分けの良い人が増えてきたな、という印象です。

出る杭になるような人材は、もはやいなくなったのでしょうか。
私は「なりたくないだけだ」と思っています。

一人ひとりが、それぞれに意見を持っているのは、今も昔も同じです。会社に対して意見がないかといったら、そうではありません。彼らは、空気を読んで合わせているだけなのです。

一人ひとりに耳を傾けると「前例の踏襲はしたくありません」「こういうことがしてみたいです」「あえて冒険するべきです」など、それぞれに意見があります。皆考える力はものすごくあるのです。

そこをうまくクローズアップすると、皆が出る杭になる可能性はあります。

出る杭が現れてこないのは「そういう人になりたくない」と思わせてしまう場の空気のせいでしょう。そしてそこに問題意識を持たないリーダーにも、大いに責任がある、と私は考えています。

集団の中で目立つ行動を避けようとする若者が増えた今の時代は、一人ひとりが内に秘めている思いや意見を引き出してあげるリーダーの役割は、これまでよりも大きくなったと認識すべきでしょう。

そして、**リーダーは、引っ張り出した杭を打たず、受け入れること**。それが、メンバーの挑戦意欲を駆り立てることになります。

Q

挑戦に後ろ向きのメンバーに対してどのように働きかけるべきでしょうか？

A

リーダーは褒めて、叱ってメンバーの心を動かさなければなりません。

結果だけで判断しない プロセスも評価する

メンバーが後ろ向きになる理由は様々です。

日常の仕事の忙しさにかまけて新たなテーマに取り組もうとしない、失敗続きで自信を失い次の一歩を踏み出すのを躊躇している、現状に満足して全く問題意識を持とうとしない…なかには、自分で勝手に限界を作っている人もいます。

人間は、自分のことを一番分かっているのは自分だ、と思い込みやすいものです。でも、他人に指摘されて初めて、自分の一面を知ることもあります。自分が苦もなく成し遂げた仕事が、他の人からは偉業に見える。当たり前にできたことだけに、自分の秀でた能力に気づかない。そういうこともあるわけです。

それを指摘したり、気づかせてあげたりする。それがリーダーです。

部下の挑戦に、リーダーが気づいていないこともあります。**結果を出しているメン**

バーだけがチャレンジしているわけではありません。

派手な結果は残せていなくても、地味にコツコツと新しいことに取り組んでいる人もいます。成長の伸び悩みに自分で気づき、次にどうしたらいいか考え続けている人もいます。「挑戦しなければいけない」と頭で分かっていても、心の状態が悪くて動けない人もいます。

リーダーが関心を持って個々人を見続ければ、一人ひとりの行動や考えなど、新たに見えてくる姿があるはずです。

また、リーダーは、結果だけでメンバーを判断しないことも大切です。

良い結果だけを求めると、短期的にうまくいくことがあっても、継続することは難しくなります。

なかには、今は成果が出ていなくても、将来的には組織の大きな成長につながる種をまいている人たちがいます。

また、数字などに表れにくい仕事で、工夫をし、努力を続けている人たちもいます。

彼らを数字だけで見るのはナンセンス。そこに至るプロセスも合わせて評価すべきです。数字に表れないからと評価を落とせば、彼らの挑戦意欲は削がれることになります。それは、組織としても大きな損失です。

成長市場で成果を出している人と、成熟市場で頑張っている人を同じものさしで測ることはできません。

これは経営者としての経験から言えることですが、リーダーがメンバーを見るときにも、最終的に売り上げを伸ばす人たちと、彼らを支えている人たちとを、同じ尺度で判断できないと、心すべきです。

プロセスにおける努力を正しく評価する。そのためにもリーダーは、メンバーの仕事の過程にも目を配らなければいけないのです。

叱り、褒め、突き放し、見守る

一人ひとり違う状況にあるメンバーに対して、いかに働きかけるか。

「やってみせ、言って聞かせて、させてみて、誉めてやらねば、人は動かじ」

これは、連合艦隊司令長官だった山本五十六の有名な言葉ですが、人を成長させる要諦をうまく表していると思います。

人を動かす手法として「理で働きかける」「情で働きかける」という二分法がありますが、これは単純すぎる見方でしょう。人にはその両面があって、内面でせめぎ合い、葛藤があるものです。

人は理性的であると同時に、感情に支配される生き物でもあります。人の心を動かすには、理と情の両面から働きかけていく必要があるのです。

理詰めの考え方に長けたリーダーであるほど、ともすれば理屈一辺倒で相手に働きかけるケースが多いように思います。

ここに上下関係の権威が加わると、有無を言わせない指示命令となり、気持ちの部分で納得していなくても「とにかく、言われた通りやればいいのだろう」といった面従腹背の状況が生まれがちです。

私は「**リーダーが人の感情、心を動かすことなくして、挑戦に誘うことはできない**」と考えています。

あるときは叱り、あるときは褒め、あるときは突き放す。

ときには、あえて何も働きかけずに見守る。

心を動かす方法論をＴＰＯによって使い分けることで、メンバーの挑戦しようとする姿勢を引き出し、成長させていく。

その意味でも、チーム一人ひとりの成長に占めるリーダーの役割は、とてつもなく大きいものなのです。

Q

褒め方、叱り方の極意を教えてください。

A

相手の「今」の状況を推し測ること。相手に届かなければ意味がありません。

褒めて欲しいときに褒める
意外なときに褒める

私はこれまで、どちらかというと叱られるより、褒められ、調子に乗せられ、仕事を成し遂げてきたタイプだと思います。

だからでしょうか。メンバーを観察したり、話したりしていると、褒めたいことが山ほど見つかります。しかし、褒めることが見つかったからといって、すぐに言葉に出すことはしません。時と場合によって、相手の心に届かないことがあるからです。

効果が薄れるのは褒め過ぎること。良いところが見つかるたびに口にすることです。

一回目はメンバーも喜びますが、何回も続くと慣れてしまいます。メンバーは「この人はおだてて人を動かすタイプだ」と、同じような言葉に免疫ができてしまい、良い感情が動かなくなるのです。

効果がある褒め方の一つは、メンバーが自分の成果に達成感や自信を持っているときに「きちんと認めているよ」とのメッセージのこもった言葉をかけることです。目標を達成した、実験に成功した、取引先にいい返事をもらえた――など、メンバー自身が手ごたえや達成感を感じていると思ったら、リーダーは素直に言葉に出して褒めてあげましょう。お世辞が過ぎるくらいでも、メンバーは喜びます。

そうすることで、人はもっと大きな仕事に取り組んだり、チャレンジングな目標に挑もうとしたりする、積極的な気持ちが生まれるのです。

逆に、リーダーが「それくらい当然だ」といったような態度をとると、メンバーには不満が残り、次への挑戦意欲を削ぐことになります。

もう一つは、メンバーが予想もしていないときに褒めることです。

たとえば、あるメンバーが他部門からのちょっとした相談に乗ってあげている場面や自部門のメンバーを陰ながらフォローするシーンなどを見かけたら、本来の仕事とは直接関係なくても、そのメンバーの自発的な行為や気配りにちょっとした言葉をかけてあげる。そうすれば、意外性とも相まってメンバーのモチベーションは上がります。「そこまで見てくれているのか」と、メンバーとの信頼関係を強めるきっかけにもなります。

本人に直接言うのではなく、他の人を通じて褒める方法もあります。

私もそうでしたが、リーダー本人から直接褒められるより、他の人から「○○さんが、あなたのことをよく頑張っているなと話していたよ」と言われる方がうれしいものです。

特に厳しく叱責した後は、人づての方が、こちらの本心をうまく伝えられることがあります。

「良いところ」は意識しないと見えにくい

褒めるところが見つからない、という相手には、意識的に長所を探そうとする姿勢が大切です。

特にメンバーに対して、リーダーは「できたこと」より「できなかったこと」に目が行きがちです。私も意識しておかなければ、いまだにすぐ欠点が目についてしまいます。

人事部長の頃に、各部門の部長と話す機会が幾度となくありましたが、彼らから最初に出てくる話は、やはり部下の欠点。上司とはそういうものなのかもしれません。「こうあるべき」との理想と対比してみると、どうしてもできていないところが先に見えてしまうのだと思います。

しかし、当たり前ですが、誰もが欠点ばかりではありません。良いところもたくさんあります。「あいつは欠点だらけだ」とぼやくリーダーもいますが、**良いところが見えていないのはリーダー側の問題**であって、真剣に探そうとしていないだけです。

いろいろな面を持っているのが人間。時とともに大きく変わるのが人間です。時間をかけて相手を理解することは、メンバーに対する愛情でもあります。

メンバーが失敗したときだけが叱るときではない

叱ることもメンバーの心を動かすリーダーの大切な働きかけです。

パワーハラスメントが社会問題化してきた昨今は、リーダーが周りの反応を気にし過ぎて叱る行為そのものをためらう傾向があります。

メンバーから嫌われたくないという気持ちは分かります。しかし、皆から好かれるリーダーになろうとするのではなく、「どんなリーダーであるべきか」からとらえ、結果として嫌われてもいいのだ、と考えないとリーダーシップに対する甘さが出てくるのです。協調という名のもとに部下に迎合し、必要なときに本人に面と向かって苦言を呈し、具体的な指導をしないことでメンバーの成長の機会を奪っているとしたら、リーダーとしての役割を全うしていると言えるでしょうか？

もちろん暴力や、立場を利用したいじめなどは論外ですが、私は、**然るべきときに**

正しく叱られないと、人は育たないと思っています。

厳しく叱るのは最大の優しさなのです。自分が「今、叱らなければ」と心から思えるなら、蹴飛ばすぐらいの気持ちで厳しく叱ったらいいのです。

勇気や胆力がない人ほど叱ることができない。部下から恨みを買うこともあるでしょう。反発されることもあるでしょう。たとえ、自分が嫌われたとしても、相手の成長を心から願い、心を鬼にして叱れば、いつか必ず部下に伝わります。

叱るべきときとは、必ずしも大きな失敗をした後とは限りません。

本人に自覚がない際には、気づかせるためにもはっきりと言う方がいいでしょう。メンバーがまずいことをしてしまったと自省しているときでも、叱らなくてはならない場合があります。

「失敗したことは言われなくても分かるのだから、何も叱らなくても」との意見もあるかと思います。確かにそういうケースでは、自分なりに内省するでしょうが、総じて甘い反省になりがちです。すぐに忘れてしまい、同じ失敗を繰り返してしまうものです。信頼するリーダーに叱られることは、一種の緊張状態を作り「学ぶべきこと」として感情を伴って、強く記憶されます。

リーダーの期待を実感したり「なにくそ」と発奮したりして、次の挑戦のきっかけになることもあります。

叱っていい
ただし怒らない

叱り方にも効果的なやり方があります。

リーダーがやってはいけない叱り方は、感情的に怒ることです。

興奮して怒った物言いになると、言っていることがどれだけ正しくても、部下には何も伝わらず、素直に受け止めてもらえません。

ましてや、相手の尊厳や人格まで傷つけるような発言は論外です。

とはいえ、私自身、怒ったことがないわけではありません。チームの成果が問われるときや、私の思いとメンバーの思いが大きく違うときには、ついつい感情が先走り怒鳴ってしまったこともあります。

そうした日には、自宅で仏壇に手を合わせながら一日を振り返る際に「またやってしまった」と反省するのが常です。そして、どうフォローするか相手の立場に立って考えるようにしています。そのときの状況を冷静に振り返ることで相手の本心に気づくこともあります。

私は、叱るときには感情的にならないように、ひと呼吸、ふた呼吸おくか、空を見てから話し始めるようにしています。

私の先代の社長は、叱るのが上手な人でした。多くの部下の前で「おまえはアホか！」と怒鳴っているときには、本気で叱っていませんでした。本当に言いたいことは、伝える場を選んで、さりげなくボソッと伝える。

たとえば、ゴルフ場でティーショットを打った後、2打目の場所まで移動するときに、歩きながら「おまえなあ、あのときの…」と、冷静に諭されることがありました。そういう思いがけない場所で注意を受けたことで、言われたことが頭にスッと入ってきて、素直に反省する気持ちになるのです。私にとって、強く印象づけられる効果的な叱り方だったと思います。

一般的に、叱るのは「時間を置かずに」「端的な言葉で」「後を引かないように」というのが鉄則です。しかし、先代の社長との対話では「相手を見極めた上で、その人に最も効果的に響くタイミングと場所を選ぶ達人レベルでの叱り方もあるのだ」と感銘を受けたものです。

メンバーを叱ったら嫌われる。

それを理由に部下にはっきりものを言うことから逃げているとしたら、リーダー失格です。叱らないリーダーはメンバーに好かれるかもしれませんが、チームの能力を最大限に引き出すことはできません。

叱らなければいけないときは、臆することなく、厳しく言っていいのです。

部下の行動に対して「間違っているけど今回は見逃しておこう」とか「忙しいから

指摘するのはやめておこう」とか躊躇するようでは、そもそもリーダーとは言えません。リーダーであるならば、チーム全体のことを考え**使命感を持って丁寧に叱って欲しい**と思います。

短期的には反感を買うこともあるでしょうが、たとえ自分が嫌われたとしても、相手の成長を心から願い、心を鬼にして叱れば、その思いはいつか必ずメンバーに伝わるものです。

そして、叱ったら、どこかで褒めるのを意識することです。

悪いところだけでなく、良いところもしっかり見ていることが伝わると、叱られた相手との間に感情的な溝ができたとしても、やがて埋められるものです。

私は、失敗や欠点を指摘したら、後で必ずその人の良いところを思い浮かべるようにしています。そして、機会を探して、それを伝えるようにしています。これは、覚えておいて欲しい部下との接し方のコツです。

結局のところ、褒め方、叱り方に、一つの正解があるわけではありません。何をきっかけに、どんなタイミングで、どうやって褒めたり、叱ったりすれば相手の心が動くのか？　考え続け、実践し続けることで、リーダーの資質が磨かれていきます。

Q

どうすれば指示待ちのメンバーが自ら動いてくれるようになりますか？

A

ときには
厳しい環境を与える。
そこから
自立心が芽生える
こともあります。

突き放すことで自立をうながす

メンバーが指示待ちになるのはどうしてでしょう。

強烈な統率力で矢継ぎ早に指示を出すようなリーダーが人を育てていくときに陥りがちなのが、メンバーの依存心が強くなってしまう状況です。「指示通りに動いていれば、いい結果が出る」とリーダーに信頼を寄せるのは良いことですが、それが過ぎると「自分で考えない」「自分から動かない」人になってしまいます。

リーダーは、メンバーが自ら動くことがおろそかになっていると感じたら、突き放すことが必要になります。たとえば、それまでこと細かにしてきたアドバイスを少なめにする、もしくは、あえてアドバイスすることをやめるなどして、メンバーが自ら考え、行動せざるを得ない状況を作り出すのです。

突き放すことは、叱るのと同様に、メンバーにとっては厳しい対応になります。叱るとの違いは「叱る」はその場で強制的に気づかせる行為で、「突き放す」は自分で気づくのを促す行為と言っていいでしょう。

メンバーは、それまでと違うリーダーの対応に初めは戸惑いますが、やがて自力でどうにかしようと動き出します。見ていると、もどかしくなって、口出しや手助けしたくなる気持ちになると思いますが、我慢してください。

メンバーが課題を自力で乗り越えられる兆しを見つけ、困難の中にも手ごたえを感じ始めたら、その人はそれまで以上に猛烈に動き始めます。自ら行動することの面白さ、醍醐味を感じるようになるはずです。本人が自立したと確認できるまで、リーダーはひたすら待つ覚悟が必要です。

叱る、褒める、突き放す。

どのやり方がそのときに最も適切なのか、判断するのは難しいものです。こういう場合は叱った方がいい、褒めた方がいい、突き放した方がいい、と決まっているわけではありません。

だからリーダーは、一人ひとりを深く知って、今どうすることが相手の心に最も響くのかを考えながら、メンバーが挑戦し続けられる状態を維持しなければならないのです。

そして、リーダーの働きかけが響くようにするには「リーダーは自分のことを分かってくれている」とメンバーが感じられる信頼関係を、日頃から築いておくことが前提になります。そういう関係であれば、リーダーの叱る、褒める、突き放すという行為が、より活きてくることになります。

修羅場に追い込むことが刺激になることもある

突き放すには、あえて本人の実力以上の難しい仕事を与えるという方法もあります。これを、私は「修羅場に追い込む」と表現しています。

これまでの経験だけでは対応できない困難な状況に追い込まれると、メンバーは自ら考え、思い切って挑戦せざるを得なくなります。目の前は未知の世界なわけですから、現状を打開するために必死にもがき苦しむはずです。

今まで以上に、リーダーや他の人の言葉に耳を傾け、それをかみ砕いて自分の頭で理解し、考えて、実践してみることになるでしょう。その過程が大切なのです。自分の持っている能力をフルに使って課題と対峙《たいじ》することで、自分の新たな可能性に気づくことができるからです。

ただし、リーダーは、メンバーがそこを乗り越えられる心の状態であるかどうかをよく観察し見極めた上で、修羅場に追い込むことが肝心です。

修羅場に追い込まれたメンバーは、それまで見せたことがない能力や、リーダーも気がつかなかった才能を開花させて、大化けすることがあります。

それを見るのが、リーダーの楽しみの一つでもあります。

もちろん、修羅場に追い込まれるメンバーに反発心が芽生えることもあるでしょう。特に挑戦することにネガティブであったなら、なおさらです。

しかし、あえて困難な仕事を与え、修羅場へ追い込むのは、成長を願い、信じているからこそなのです。その厳しさこそが、メンバーに対するリーダーの最大の優しさであり、温かみであると私は考えています。

帰属の絆がメンバーの挑戦を後押しする

どんな仕事でも役割でも「信じて任せることが基本だ」と私は考えています。ただし、任せた仕事の最終責任は、リーダーにあります。うまくいっていないときほど、**メンバーの心理状態を含めて細かく気を配るのが、本当の意味で「任せる」ということ**です。

叱る、褒める、突き放す……、それでもメンバーが動けないときはあります。動けない理由は何でしょう。ときには、メンバーの目線まで下りて行って、問題を解きほぐしてあげることが必要でしょう。その上で、どんな働きかけをするか？

視座を上げると同時に視野を広げるように仕向ける、チーム全体で支援する体制を作る、部下の仕事に自ら入り込んで一緒に並走する……。

状況に応じて、リーダーにできることはたくさんあります。こうしたことを通じて、**リーダーへの信頼感や組織への帰属の絆を実感できたとき、メンバーは安心して高い目標に挑戦できる**ようになるのです。

リーダーは、一人ひとりに関心を持って真剣に接していれば、挑戦意欲が高まっているのか、下がっているのか、あるいは挑戦を避けているのか、分かるようになります。

メンバー個々人の状態を確認しながら、ときには叱り、ときには褒め、ときには突き放しながら、挑戦意欲を刺激し続ける。真剣勝負で、人と向き合い、帰属意識を育んでいく。こうしたリーダーの姿勢こそが、メンバーを成長させ、成果を出し続ける組織を作ることにつながるのです。

第4章

チームを作るとは「一人ひとり」を束ね、動かすこと

チームが成果を出すには
リーダーがメンバー一人ひとりの成長を促し
その能力を最大限に発揮させるだけでなく
その力を束ねて組織の力にする必要があります。
しかも、単なる足し算ではなく
相乗効果で3倍にも、4倍にも
高めることが求められます。

第4章では
成長した個人の力を
単なる足し算以上の成果にして出せる
組織にするにはどうすればいいのか？
私の考えを述べていくことにします。

Q

寄せ集めのメンバーでもチームとしての成果は上げられるのでしょうか？

A

優れたリーダーは、与えられたメンバーで最高のチームをつくります。

一流のシェフはそこにある食材で最高の料理を作る

初めに一つ、興味深い例え話を紹介しましょう。

フランスでは、一流のシェフと優秀なリーダーとは定義が同じだそうです。すばらしい料理人は、理想の食材がそろわなくても、目の前に用意された食材で最高の一品を作ると言います。ビジネスの世界でも、与えられた人材でベストチームを作るのが、優れたリーダーというわけです。

一流のシェフと優秀なリーダー。

両者に共通するのは、素材（人材）の持ち味をうまく引き出し、相乗効果を高める能力に長けていることです。

メンバー一人ひとりの成長の総和が、組織の成長です。

ただし、成長した個々の力を足し算したものかというと、そんなに単純なものではありません。1＋1が2ではなく、3にも、4にも、ときには10にもなるのが組織の面白さなのです。

一人にできることは限られていますが、リーダーがうまく束ねることで、メンバー同士が互いに刺激し合う相乗作用が起こり、ときとして計り知れない力を発揮するのが組織なのです。

反対に、どれだけ優秀な人材を集めたとしても、どれだけメンバーが個々に成長したとしても、それだけで強いチームになるわけではありません。むしろ束ね方を間違えれば、1＋1が2以下になることもあります。

個々の持ち味を十分に理解し、それを存分に活かす組み合わせの妙を追求する。それが成果を出し続けるリーダーに求められる姿勢なのです。

組織は、感情を持った一人ひとりの集合体である

もちろん一流のシェフと優秀なリーダーとでは、決定的に違うところがあります。それは、シェフが扱う食材と違い、リーダーが率いる人材は、感情を持っているということです。

組織は、それぞれ感情を持った人間の集合体です。

常にリーダーの思惑通りに、メンバーが動いてくれるとは限りません。

全員が組織の目標を理解し、足並みをそろえて動くようにするには、彼らの納得性を醸成することが肝心です。そのためには、人を育てるときと同じように、やはりメンバー一人ひとりの心の襞《ひだ》を読み取ろうとする努力が必要になります。

そして、その**心の機微や感情の揺れを感じ取ろうとするリーダーの気持ちがメンバーに伝わったとき、初めてメンバーの心が動く**のです。

その人の立場に立って、物事をどれだけ考えられるか？
相手が喜ぶことをどれだけ自分の喜びとして感じられるか？
それができないリーダーはメンバーの心を動かすことはできません。

これまで述べてきたように、ときには厳しく叱責し、ときには心から褒めたたえ、ときには親身になって耳を傾ける。そして、ときにはあえて放っておく。一人ひとりと真正面から向き合って対応することが、メンバーの納得感を高めることにつながります。

会社には様々な仕事があります。そのほとんどが、一人だけで完結できる仕事ではないと言っていいでしょう。多くの人とのかかわりの中で成し遂げられていくのが、ビジネスです。
だからこそ、組織として成果を上げるには、メンバーを束ね、目標に向かって動かす推進力を発揮するリーダーの存在が重要なのです。

「今回は思いの強いあのメンバーに任せよう」
「上位者にはメンバーのサポートを徹底させよう」
「皆に方針を共有し、アイデアを募ろう」
「達した成果を皆で味わい、次につなげよう」……

リーダーが良かれと思ったことはどんどん組織運営に落とし込んでいくことです。メンバーの心を動かし、組織を動かす。これこそリーダーの醍醐味といえます。

チームの大小にかかわらず、リーダーになると、誰もが「出世した」「偉くなった」と思うものです。

一メンバーのときとは見える景色が変わり、周囲の見る目も変わってくるため、そう思ってしまうのも仕方ないでしょう。

しかし私は、リーダーになったことを「出世した」「偉くなった」ととらえるのではなく、**自分の役割が「メンバーをまとめる立場へ変わった」と受け止めるくらいが、ちょうどいい**と考えています。

リーダーもメンバーも、仕事を離れれば一人の人間同士。
そのことを忘れたら真のリーダーシップは発揮できない。そう私は思っています。

Q

変化に追いつけず計画した通りの結果が出ません。成果を出すチーム作りで重視すべきことは？

A

実行力は足りていますか？
リーダーはライバルに
半歩、一歩先んじて
組織に実行を
促さねばなりません。

一流の戦略より一流の実行力

問いに対する私の答えを端的に言えば「実行力に焦点を合わせて、リーダーとしてチームを率いること」です。

ここで言う**「実行力」とは、組織の目標に向かって、皆でやり遂げる意志・行動の持続**です。

変化のスピードが速く、先の見通しが立ちにくくなるこれからの時代。やってみないと分からないことが圧倒的に多くなると思います。そうした状況で、方向性の検討や戦略策定に時間をかけ、資料作りばかりに力を入れていると、いざその戦略を実行に移したときにはすでにタイミングを逸していた、というケースはこれまで以上に増えてくると考えられます。

先が見えないからこそ、限られた情報の中で仮説を立て、まずは思い切って実行に移してみる。そして、走りながらでも、必要ならタイムリーに戦略の方を変えていく。

そんな柔軟さが、これからのリーダーには求められます。


一流の戦略と二流の実行力。

二流の戦略と一流の実行力。


どちらかを選べと言われれば、私は迷わず後者を選びます。

これまで、このことが実践できているか？　部下にも言い、自分でもことあるごとに反芻《はんすう》してきました。

一流、二流との言い方をしましたが、要は何に時間をかけるのか、という話です。

決断を遅らせるとライバルに負けます。並走していても、勝てません。だったら、一歩でも、半歩でも先に行くために、より早く決断し実行する。

これが、ダイキンの特徴でもあり、これまでの大きな成果につながっていると、長年の経験から私は確信しています。

実行力の源泉はメンバーの納得性
衆議独裁で皆の納得性を得る

実行力を高めるには、まずもってメンバーの納得性が必要になります。

メンバー全員の腹に落ちた戦略であるなら、実行段階で様々な軌道修正を余儀なくされたとしても、チームワークが乱れることはありません。全員が納得できていなければ、どうしても実行力にバラつきが出ます。

そこで、全員の納得性を得るために私が心がけてきたのが「**衆議独裁**」。実行計画を練るに当たって、役職、地位、立場を離れて、皆がフラットな立ち位置で侃《かん》々《かん》諤《がく》々《がく》の議論をします。意見を出し尽くして、お互いの考えを理解したところで、リーダーが最終決断を下す。この意思決定スタイルを我々は衆議独裁と言っています。

自分の意見を聞いてもらえた、相手の意見も十分に聞いた、という満たされた意識があれば、たとえ自分の意見とは異なる決断だったとしても、納得できます。

全員が納得して実行に移せば、成功したときの達成感が強く、皆で心の底から喜び合うことができます。それによって、より強い信頼関係が生まれ、それを土台として、また新たな課題に向き合うことができます。

メンバーの納得性を得るという手順を省いて、リーダーが理論でねじ伏せようとすれば、いずれメンバーは面従腹背するようになります。その状況が進めば組織がバラバラになることもあります。

ただし、納得性の醸成にあまり時間をかけるべきでない場合もあります。それは、早急に決断を下さなければならないケースです。

たとえば災害や事故が起こった際には、対応がワンテンポ遅れただけで、被害が一気に拡大し、企業の信用を失ってしまうことがあります。そういうときは、リーダーの独断で実行に移さねばならないでしょう。

このようなときに、メンバーに有無を言わせず、すぐさま動かせるかどうか。これもまた、リーダーシップ。だからこそリーダーは、メンバーとの信頼関係を築いておくことが大切なのです。

Q

チームが動揺していたり
不安に思っていたりするときに
リーダーとして
何を意識すべきでしょうか？

A

先が見えないときこそ
リーダーが
一歩踏み出す勇気を示し
安心感を与えることです。

リーダーの背中がチームの迷い・不安を断ち切る

先行きが不透明であったり、今までの経験が全く役に立たない事態に直面したりすると、人は不安をぬぐい去ることができません。変化が激しい現代では、人は常にそうしたリスクと隣り合わせに生きているといっても過言ではありません。ましてや、コロナ禍のような状況になると、今まで判断の拠り所にしていた世界観や価値観が揺さぶられます。

人の集団である組織では、不安の連鎖が起きやすくなります。組織の存続を揺るがすような危機に遭遇すると、メンバーは頭の整理がつかず、動揺し思考停止に陥りやすいものです。そんなときこそ、指導者としての真価が問われます。**リーダーが未知の領域へ一歩を踏み出し、あえて困難に立ち向かう姿勢をメンバーに見せる**ことが大事です。不安を振り払い、安心感を与えるのが、リーダーの最初の一歩なのです。

リーダーが、まず自分自身から動いてみせるのです。

初めの一歩は、置かれた状況によって変わります。皆に語りかける場合もあれば、行動で示す場合もあるでしょう。いずれの場合でも「これをなすべきだ」と考えに考え抜いた結論を、不退転の覚悟を持って断行することです。

そうすることでメンバーは、リーダーの背中に真のリーダーシップを感じとって「自分も」と動き始めます。それがやがて、組織を動かしていくことになります。

率先垂範には言葉以上の説得力があります。

私は、人間の能力には大きな違いはないと思っています。生まれながらにしてのリーダーという人も、そうそういないのではないでしょうか。

私は、失敗しても意志を持って実行に実行を重ねていける人が、リーダーとしての資質を磨き、やがてリーダーとして認められていくのだと思っています。これはスキルの問題ではなく、ウィル（意志）の問題と言っていいでしょう。

好調なときこそ危機意識を持たせる

不測の事態に対する抵抗力・復元力に強い組織体質にするためには、メンバーに危機意識を持たせることが重要です。そのためには平時からのリーダーの働きかけが有効です。

「好事魔多し」と言いますが、組織が好調なときほど、メンバーには気の緩みが生まれるものです。組織が順調に成長し、成功体験が積み上がっていくと、危機意識が薄くなっていきがちです。「まさかうちの会社が潰れるわけがない」といった心理が蔓延します。

意識することはないかもしれませんが、視線が内向きになり、変化に対しての反応は保守的になります。そうして事なかれ主義に変わっていくのです。

変化を拒む組織は衰退します。

好調なときほど、危機意識を持っておく必要があります。今の時代は先行きが不透明なだけに、状況が一変し、突然窮地に追い込まれる可能性はいくらでもあるからです。追い込まれてからでは打つ手が限られてしまいます。

もっとも、好調なときにメンバーに「危機意識を持て」と言っても、何がリスクか分かりにくいため、難しいと思います。

そこで重要なのが、リーダーが認識している現状の大きな課題と、あるべき姿のギャップをメンバーに腹落ちする形で伝えることです。そのギャップが解消されなければ「事業撤退もありうる」「ライバルに負ける」といった危機的状況に近づくことを理解させるわけです。

その上で、個々のメンバーに難易度の少し高い目標を設定するのです。ある人は新しい技術を、ある人は専門分野以外の知識を、というように、それぞれに不足しているスキルを身につけなければいけない、といった「健全な危機意識」を覚えるはずです。課題に取り組んで曙光が見え出した時に、人は猛烈に働くのです。

挑戦するテーマが見つからないとしたら、設定した目標そのものが間違っています。今のままでも達成できるような安易なものになっている可能性があります。

適正な目標を掲げ、一人ひとりが健全な危機意識を常に持っていれば、実行力が鈍ることはないと思います。

その大切さを教えてくれるのが「ゆでガエル」の寓話です。

二匹のカエルを用意し、一匹は熱湯の入った鍋に入れ、もう一匹は冷たい水の入った鍋に入れて火にかける。すると、熱湯に入れられたカエルはすぐに鍋の外へ飛び出て、生き延びます。

ところが、もう一方のカエルは水温がゆっくりと上がっていくため、自分の置かれている状況がよく分からず、逃げ出そうとしない。そして、そのうちにゆで上がって死んでしまう、という話です。

ゆでガエルにならないためにも、**リーダーは「今のままではダメだ」と常にメンバーに健全な危機意識を持たせておく**ことが必要なのです。

Q

成果を出し続けるチームに共通する雰囲気はありますか?

A

成果を出し続けるチームには緊張感の中にぬくもりがあります。

波風が立たない組織は強くなれない

私は、成果を出し続ける組織にするために、その中にあえて波風を立てることを意識してきました。

同質の仲間ばかりだと、どうしても新しいものを生み出す力が弱くなります。というのは、同じ考え方の仲間だと意見が偏る傾向があり、ある一つの事象やアイデアなどに関して多面的に検討することが少なくなるからです。

侃々諤々で議論を進めなければいけないところなのに、皆が同調するだけで終わる。これでは新しいものが生まれる期待など持ちようがありません。

激しい舌戦がない平穏な組織は一見、居心地がいいようですが、ダイナミズムがなくなってしまっているのです。

強い組織には、良好なチームワークのなかにもピリッとした緊張感があるものです。リーダーが葛藤を避け、亀裂を起こさないことばかりに気を配っているようでは、強いチームを作ることなどできません。

私が化学担当の役員になったときのことです。化学事業部の技術者は、他の事業部の技術者と比べても優秀なエリート集団でしたが、私には、打たれ弱く、おとなしい「羊の集団」に映りました。当時は新規参入が難しいフッ素化学業界という、ぬるま湯につかっていたからでしょう。

この集団に活気が生まれるようにするには、挑戦しかない。

私は、フッ素化学事業の世界最大の市場である米国に生産拠点を設けたのです。そして研究部隊には「パスポートがスタンプで真っ黒になるまで海外の最終ユーザーを直接回って、現場の要望を聞き、ビジネスのきっかけをつかんでこい」と号令をかけました。

半ば強制的に刺激を与えたのです。

これにより「羊の集団」は実行力のある「燃える集団」へと生まれ変わることができました。

初めての海外事業は修羅場の連続でしたが、組織として成長することができたのです。

沈滞ムードが漂っているときこそ、リーダーの役割は重要です。**私は、組織が波風の立たない平和な状態になってきたら、あえて反対意見を提示したり、違う角度からのアイデアを伝えたりすることを意図的に行ってきました。**「これでいいのか?」「今のままでいいのか?」と考えるようになれば、メンバー自らが動くようになるからです。

異分野・異業種との交流が必要なこれからの時代のリーダーは、協業する他の組織やメンバーをも意識して刺激を与えることが必要になってくるでしょう。

雰囲気を変えるのもリーダーの役割である

私が化学担当役員の辞令を受けたとき、当時の社長から与えられた役割は、実は組織の雰囲気を明るくすることでした。

当時の化学事業部に沈滞ムードが漂っていたのは、2名の逮捕者を出してしまったココム（対共産圏輸出統制委員会）規制違反事件、モントリオール議定書による主力製品であるフロンの規制、そして米国へのフッ素樹脂が輸出停止という「三重苦」に見舞われていたからです。

存続の危機に瀕していた事業部は、自責の念と、元々おとなしい集団だったこともあって、暗いムードが立ち込めていました。

そこに送り込まれたのが私だったのです。

それまで人事畑が中心で、事業部で仕事をした経験のなかった私は、社長にこう言ったことを覚えています。

「ちょっと待ってください。私は事務屋一筋で、化学式はH_2Oしか知りません」

すると社長は「そんなもん知らんでええ。おまえは化学の工場にいる人たちを知っているだろう。事業部に明るさを取り戻してやってくれ」。

そこで取り組んだのが、先述した米国市場への挑戦です。がむしゃらに挑戦できる環境を作ることさえできれば、明るさを取り戻せる、と考えたのです。メンバーの心の状態が前向きになれば、おのずと結果はついてきます。そんな積極的な雰囲気を作るのもリーダーの大切な役割なのです。

メンバー同士を思いやる「ぬくもり」は摩擦や葛藤から生まれる

実行力のある強い組織には、「ぬくもり」があります。

ぬくもりといっても、優しさから生まれる「ほのぼの」とした一般的なイメージのものとは、少し異なります。

私が言うぬくもりは、逆説的ですが侃々諤々の議論が巻き起こるような、メンバーがお互いにぶつかり合う「厳しさ」から生まれるものです。仲良しクラブや馴れ合いの組織から生まれるものではありません。メンバー同士の「摩擦熱」と言ってもいいでしょうか。

強い組織に存在する、厳しさから生まれるぬくもりには、葛藤を超えてお互いを認め合う、信頼する気持ちがあります。その関係性こそが大切なのです。

組織が目標を達成するには、メンバー一人ひとりが成果にこだわり、ときには競い合うようにして、それぞれの役割を果たすことが必要です。

しかし、お互いが無関心だったり、ギスギスした関係だったりしては、壁にぶつかったときに乗り越えることが難しくなります。個人がバラバラで力を結集できないままでは、個の力で壁を越えるしかなくなるからです。

人間は弱いものです。だから強がることがあります。自分のことを誰かが見てくれていると感じると、人は安心して動き出すことがあります。そんな弱さが人間にはあるものだという前提で、リーダーはメンバー相互のコミュニケーションをうながす。

頑張っていることを認め合う仲間がいれば「あいつの頼み事ならやってやろう」「何かトラブルが起きているようだから、みんなで知恵を出してみよう」などと、手を差し伸べてくれます。

そういう仲間が多ければ多いほど、目の前にある壁は低く感じられるようになり、どんどん乗り越えやすくなってくるものです。

こうした話は極めて日本的に思えるかもしれません。実際、欧米のビジネスの現場では受け入れにくい価値観であることも事実です。

しかし、経営者としてグローバルでビジネスをしてきた私の経験から言えば、こうした価値観は、いったん海外のメンバーに納得ずくで受け入れられたら、それこそ「独自の強み」となるのです。

Q

目標を掲げても、チームが一つの方向に向かっている実感がありません。

A

目標を掲げるだけでなく
リーダーが夢を
語り続けることが大切です。

リーダーの思いや熱を伝え、絶えずメンバーに問いかける

メンバー全員を同じ方向に向かせるには、組織としての目標設定が重要になります。私が掲げてきたのは、従来の延長線上では到底届かないような高いものでした。誰でも容易に達成できるようでは、目標でないと考えるからです。

そして大切なことは、目標を掲げたら、リーダーは、メンバーの心がブレないように、ことあるごとに夢を語り続けることです。

リーダーの思いや熱がメンバーに伝われば、一人ひとりが組織のために何ができるかを考え、実行するようになります。

私は、1994年の社長就任から2〜3年後には、「空調事業で世界一になる」という目標を周囲の役員に語っていました。当時のダイキンの海外事業比率はまだ、わずか20％強で、周囲からは「アホなこと言って」と冷ややかな反応しか返ってきませ

んでした。

しかし、２０１０年、ダイキンは空調売上高で世界一になりました。

確かに当時の実態を振り返れば、夢に近い目標だったかもしれません。

当社が事業基盤としていた日本の国内市場は成熟しており、更新需要が中心になっていました。大きな成長を目指すなら海外市場に目を向けなければなりませんが、当時は海外に確固たる基盤があったわけではありません。理想と現実には大きな開きがありました。

リスクはありますが、空調事業は将来、大きく成長する見込みがあり、当社の強みを海外に展開できる可能性があるのなら、挑戦する価値は高いと考えたからです。

だからこそ私は「空調事業で世界一になる」と宣言したのです。

社長就任以降、思い切ってグローバルに舵を切り、欧州での事業拡大、中国進出と矢継ぎ早に海外事業強化の施策を展開しました。

現在では、アジアを中心とする新興国や、世界で最大の空調市場である米国へと主戦場が広がっています。私自身、海外の最前線に出向いて生産拠点の設立や代理店の買収といった経営判断をするとともに、刻々と変化する現地の状況に即して戦略を軌道修正してきました。

「空調世界一」という目標の下、日本人だけでなく、現地の社員も一丸となって実行に次ぐ実行で取り組んだ結果、２０１０年に空調売上高で世界一を達成。ダイキンの海外売上高比率は、今や約８割に達しています。

今やっていることの延長では、目標には到底届かない。現実とありたい姿とのギャップを正しく認識させる。

そして、各自が何をなすべきか考えさせる……。

「好調なときこそ危機意識を持たせる」のところでも同様の話をしました。実際、メンバーに対して**「夢を語り続ける」ことと「健全な危機意識を持たせる」ことは、表裏一体**なのです。

リーダーは絶えずメンバーに問いかける。

そうすると「これまで未開拓の市場に進出しよう」「新たな技術を使って今までにない商品を開発しよう」「全てを自前でやるのは無理なのでシナジーが期待できる企業と組もう」というように、どうすれば目標を達成できるのかを個々のメンバー自らが考えるようになります。

もちろん、全く不可能な目標ではメンバーは動きません。

リーダーが目標を設定するときは、そこにメンバーがワクワクするような夢があると同時に、できないことはないという理由と背景の説明が必要です。可能性があると、メンバーは耳を傾けてくれ、納得して前に進むことができるのです。

組織の「存在意義」と個人の価値観が共鳴する状況を作る

組織には「存在意義」があり、その目的を達成するために進むべき方向や大きな目標を掲げます。

それぞれの置かれた立場によって受け止め方に温度差があるのは当然ですが、メンバーの価値観が多様化する昨今では、同じ内容を聞いても響き方が全く異なることも念頭に置いておかねばなりません。

ここでは組織が掲げたものと、メンバーそれぞれの受け止め方の違い、そしてその違和感を埋めるリーダーの役割について触れたいと思います。

企業経営の例で話をしましょう。

私は毎年、新入社員と対話するのを楽しみにしています。最近は「社会貢献したい」「環境保全の役に立ちたい」と目を輝かせて関心事を伝えようとする若者が増えました。もう少し突っ込んで聞くと「実はアフリカの経済格差解消に関心があります」など、意識の高さに驚かされることがしばしばあります。

彼らは企業の存在意義を問いかけてきます。企業が掲げる目的と自分たちの叶えたい夢が合致するかを大事にします。

これからの企業経営は「利益」という「目標」だけでなく、社会貢献、環境貢献などの企業の「目的」や「存在意義」が問われます。ＳＤＧｓ、ＥＳＧ経営の重要性が高まるなかで、機関投資家をはじめとした様々なステークホルダーからは企業の社会貢献という存在意義が大きな評価軸になっています。

事業の成長と社会への貢献の両面を考え、高度な次元でバランスさせる経営をしていかなければなりません。

私はその両者に矛盾はなく、共に追求できると考えています。**リーダーは組織の「存在意義」を熱くメンバーに語り続けることで、メンバーの心に火をつけなければなりません。**

当然ながらメンバーは、会社の掲げた目的やありたい姿を、自分の関心事や価値観と照らし合わせて、自分なりの意味づけをし、やりがいを見出そうとします。

そこからさらに一歩踏み出すことが必要です。

会社の目的と個人の考えが、どれだけ違和感なく調和した状態になっているのか確認してみるのです。基準とする物差しは「どれだけメンバーが自分事として認識しているか」です。

対話をすれば推察できるものがあるはずです。完全に納得している人、違和感をぬぐい切れない人、自分の理想との違いにとまどう人、反感を持って見てる人など、様々です。

彼らの主張の根本にあるものはどんな価値観なのでしょうか？

それが理解できれば、リーダーが働きかけられる選択肢は増えます。本人が語る言葉の中に、ヒントは隠されているものです。

要するに、価値観が多様化する時代にあっては、お仕着せの目標を与えるだけではダメだということです。本人の解釈に任せるだけでも足りません。一人ひとりのオーダーメイドで本人にとっての意味づけを一緒に考えるぐらいが、ちょうどいいと考えています。

チームの夢とメンバー個人の夢をリンクさせるのは簡単なこととは言えないでしょ

うが、結びつけられれば、チームにとって非常に大きな力になります。

メンバーが納得して意欲を持ち、夢中になったとき、人は信じられないほどのパフォーマンスを発揮するものだからです。

Q

ダイバーシティ時代のリーダーとして特に心がけるべきことは何ですか？

A

多様性の中にも共通理念は必ずあります。

多様な人材が集まれば摩擦が生まれるのは当たり前

様々な個性を理解するため「自分の価値観を一回捨てて、受け入れてみる」ことが重要なのは、第1章で述べました。そのままだとバラバラになる人の集団を、チームに束ね、一つの機能体として動かしていくのがリーダーの役割です。

多様な人材が集まれば、そこに摩擦や葛藤が生まれるのは必然。考え方が異なれば意見の相違が生まれない方が不自然です。見方を変えれば、そういう状況では、良きにつけ悪しきにつけ、その人の感情のエネルギーが高い状態になっているとも言えます。このエネルギーの矛先を同じ目標に向かう力に転じることが、これからの時代のリーダーにはより求められる。私はそう考えています。

グローバル化が進む中で、組織を構成する人も多種多様になり、価値観も多様化していきます。こうした時代には、個々人の持つ特徴や発想を戦略的に仕事に活かしていくことが重要となります。なぜなら、どこを切っても同じ顔が現れる「金太郎飴」のような同質性の高い組織では、グローバルに多様化する顧客ニーズに的確に対応することが難しいからです。

世界150カ国で事業展開する当社は、性別、年齢、国籍あるいは障害の有無といった個人の属性に関わりなく、異質で多様な人材の能力や発想を糾合することで企業競争力を高めてきました。こうした「ダイバーシティ・マネジメント」の実践は、次代を担うリーダーに最も求めたい要件です。

もっとも、多様性に富む組織を束ねていくのは容易ではありません。多様化した組織は、放っておくとバラバラになり一体感を失う恐れもあります。したがって、そうした組織の求心力を保つためには、共通の価値で組織を束ねる必要があります。

一つは経営理念です。経営とは人の営みです。企業の存在意義は「世のため、人のため」に役立つことにあるとの普遍的な考えに異論を唱える人はいません。経営理念は一人ひとりの「心の座標軸」であり、組織メンバー全てが共有すべきものです。

また、製品の品質向上やノウハウ、社会や環境への貢献、などの意識を否定する人はいないでしょう。誰もが共感できる価値観を軸に、コミュニケーションを重ねることができれば、それがそのチームの共通理念になります。役割は違えども、同じ方向を向くことができるはずです。

考え方の違いから生じる摩擦や葛藤。それが同じ目標の達成に向けて発揮されたとき、新たな視点や気づきをもたらし、思いもよらない前向きな議論に発展することがあります。


同じ色の絵の具を混ぜても一つの色しか出ませんが、いろんな色の絵の具を混ぜると、ときにはとんでもない素晴らしい色が出たりします。

私は、多様な色を混ぜ合わせる方が、果たしてどんな色が出てくるかと、ワクワクするのです。

第5章

真のリーダーになるために磨くべき資質とは？

第1章～第4章では
成果を出し続けるリーダーになるための方法論について
私の考えを述べてきました。
その軸となるのは
「メンバー一人ひとりに焦点を当てる」こと。
それが、人を育て、組織を束ねる原点になります。

第5章では
誰からも認められる真のリーダーになるために
また、これからの時代に適応するために求められる資質、
そして、その磨き方について述べていくことにします。

A1

決断力のないリーダーはメンバーを不幸にします。

答えのないところに答えを出すのがリーダーの役割

成果を出すためには、リーダーは人を育て、実行力のある組織を作らなければなりません。そして、もう一つ、リーダーには大きな仕事があります。

それは「決断」です。

数人の組織であれ、数十、数百、数千人の組織であっても、決断は、リーダーが避けて通れない大切な仕事です。

リーダーが方向性を示して、初めてメンバーは不安や迷いを振り払い、前に進むことができるからです。

リーダーの決断が、組織の未来を左右する。

そう言っても差し支えないでしょう。先行きが不透明な今は、リーダーの決断はより重要です。

もっとも、それが正解なのかどうかは誰にも分かりません。あらゆる情報を分析、解析したとしても、１００％の正解を導くことはできないでしょう。

しかし、リーダーが決断しなければ組織は動かないし、メンバーの不安は募り、実行力も鈍ります。決断しないことで、競合に後れを取り、取り返しがつかなくなることもあるかもしれません。

もちろん、出した答えが間違っていたり、失敗したりすることもあるでしょう。それでも答えを出す。

「答えのないところに答えを出す」のが、リーダーの役割なのです。

一流の戦略と二流の実行力より二流の戦略と一流の実行力

私が心がけてきたのは、決断したらできるだけ早く実行に移すことでした。

先の見通しを立てにくい中で新しいことに挑戦するときは、進もうとする方向やその戦略が正しいかどうか、実行してみないと分からないことの方が圧倒的に多くなります。

第4章でも述べたように、私は「一流の戦略と二流の実行力」よりも「二流の戦略と一流の実行力」が勝ると考えています。

変化のスピードが速い時代に、戦略立案に時間をかけ過ぎて、決めた時にはタイミングを逸しているのはよくあることです。ある程度、方向性が見えたら実行に移し、現場の状況を見ながら適宜戦略を変更する。これが本当の生きた戦略ではないでしょうか。

「やってみないと分からない」

そう感じたのなら、**ライバルよりも半歩でいいから先んじて実行する**。そして状況によって、進路や戦略を変えていくのです。

そのためにリーダーが心がけることとは、**現場の「波打ち際」に立つこと**です。決断を下せる人が第一線に出て、変化の予兆を感じ、最新の情報を肌で感じて、柔軟に変化に対応する。そうすることで初めてライバルより半歩先に実行することができます。

情報網が発達した現代では、離れた場所にいても、現場からの情報をほぼリアルタイムで得ることは可能ですし、そのスピードはますます上がっていくでしょう。そうはいっても、現場で起こっている些細な変化や予兆などは、離れた場所ではつかみにくいものです。ましてや現場で得られる感覚的なものは、オフィスでは感じることはできません。

変化の激しい時代だからこそ、リーダーは現場の波打ち際に立つべきです。決断できるリーダーがそこにいるからこそ、意味があるのです。

決断は六分四分の理

決断の際に私が意識してきたのは「六分四分の理で意思決定する」ことです。決めるときに、どちらの方向も間違っていない、ということはあります。そんなときは、**たとえ六分四分でもどちらかに分があれば方向性を示し、実行に移してから修正していく**ようにしてきました。決断できずに後手に回るのを避けるためです。

たとえば、会社の人事制度について考えてみましょう。

従来の日本企業のような年功序列がいいのか、実力主義がいいのか。ベテラン層のモチベーションを考えると、ある程度、年功序列であった方がいい。一方、若手にとっては、実力主義の方がいい。このように、両方の意見とも正しいときがあります。それでもリーダーは決めなければなりません。

2001年にダイキンの人事制度を大きく変えたとき、私は人の能力を引き出す環境を作ることがより重要であると考え、ある程度の年功序列は残しつつ、徐々に実力主義の方向に変えていく、という決断をしました。

決断できないリーダーは、メンバーを不幸にします。私は、課長時代、メンバーに迷惑をかけたことが何度もありました。

部下がまとめてくれた資料を、私が決めきれずに注文をつけて戻す。再提出してもらった資料でも決めきれずに、また戻す。そういうことを繰り返したのです。

実行に移せないのですから、成果につなげることも当然できません。そして、ようやく決めて実行に移した時には、すでにタイミングを逃していました。

成果が出なければ、メンバーが資料作成に費やした時間は無駄になります。全ては自分の決断力のなさからきたことでした。その苦い経験は、今でも教訓にしています。

A2

決断力を
身につけるには
先見性と洞察力を
磨くことです。

物事を多面的にとらえる力を培う

決断できないのは、その判断に自信がなかったり、確信が得られなかったりするからだと思います。リーダーの決断が組織の未来を左右すると言われれば、なおさらでしょう。しかし、変化の激しい時代に実行に移すことを躊躇していたら、それだけでライバルに先を越されます。

リーダーが「未来を見通す力があれば……」とか「問題の本質を見抜ける目があれば……」と悩むのはよくあることです。私は、リーダーが決断を下すために不可欠なのは、**先見性と洞察力**ではないか、と思っています。

もちろん、これらは一朝一夕に身につくものではありませんが、意識して養うことは可能だと考えています。先を見通す力や問題の本質を見抜く力を身につけるには、まず、物事を多面的にとらえる力を培うことです。

常識や過去の成功体験を否定する

物事を多面的にとらえる力を磨くために私がメンバーに話しているのは、業界の常識とか、専門家の意見とかを「まず否定することから始めなさい」ということです。否定することで、物事を違う方向から見て、掘り下げて検討できるからです。

過去の成功事例も、多面的に考えるためのさまたげになることがあります。新しい企画を考えるときに成功体験から始めるのは、私は怠け者だと思っています。新たに考えたり、勉強したりすることを面倒がっているだけではないでしょうか。私の経験上ですが、過去の成功をそのまま繰り返した場合、納得のいく成果を得られないことがほとんどです。

今の時代、ビジネス環境や経済社会は予測できないスピードと振れ幅で変化しています。以前に成功したときと今では前提条件がそもそも変わっているのです。過去の延長線上での発想が通用するはずがないのです。

過去の常識にとらわれず、新しいものを生み出す活動は「創造的破壊」と呼ばれています。過去の成功で活かせるものは、大いに利用すべきですが、私は、**過去の成功体験の全てを捨て去るほどの覚悟でなければ、ほとんど成功しない時代が来ている、**と思っています。実際、変化を先取りするのなら、ゼロから思考する方が正しい決断ができるはずです。

常識や成功事例を否定することからアイデアが生まれたとしても、それで満足してしまってはいけません。私は、どんなに素晴らしいアイデアだと思えても、安易に入れ込まないように注意してきました。

ようやく生み出した愛着あるアイデアであったとしても「もしかしたらもっと良いアイデアがあるかもしれない」と突き放して考える。そういう冷めた一面を持つように心がけてきました。原案に満足せず「もう一歩」さらに「もう一歩」と思考を重ねていけば、やがて他には真似できない独創的なものが生まれるものです。

肯定と否定という
正反対の立ち位置から考えてみる

先見性と洞察力を磨く方法は、まだあります。

それは「立ち位置を変えて」考えてみることです。

時計の振り子を左右に大きく振るように、肯定と否定という正反対の方向から考えてみる。**右に行くか左に行くかではなく第三の道はないか考えてみる。**組織の内部からの視点ではなく、第三者になって考えてみる。

立ち位置を変えることで、答えが変わる。選択肢が増える。それでいいのです。

一方向からの見立てだけでの決断ほど、危険なものはありません。

人は主観によって評価しがちなので、一方向からだけでは正しく評価できているとは言えないからです。

私は、**判断するための情報は三つ以上必要**だと考えています。二つでもまだリスクがあります。

さらに私は、集められた情報から新しいことを考えるときに、できるだけ多くの異なる立ち位置の人の声に、耳を傾けるようにしています。そうすると、短期志向の人や長期志向の人、保守的な人、革新的な人、それにバランスを大事にする人、極端な考えの人など、それぞれに違った意見が出てきます。

そうした異なる見方からの意見に謙虚に耳を傾けることで、物事を多面的にとらえる習慣が身についていくものです。

現場の渦から離れた位置で、眺めてみる

私は決断する際、全体最適の視点を持つために、必ず現場の渦から一度離れて、冷静に見つめ直すよう心がけています。これも、先見性と洞察力を磨くことにつながります。

リーダーが決断を下すに当たって、自ら現場を肌で感じて、現実を知ることは基本です。しかし、いくら現場主義といっても、大きな組織のリーダーは全ての現場に顔を出すことはできません。

そこで知りたい情報を現場に求め続け、共有してもらう。必要に応じて、対面での報告を求めたり、直接出向いたりもする。自分が行けないところも含めて、どれだけ波打ち際の情報を把握しているかが大事なのです。

その一方で、リーダーは様々な情報が錯綜する現場の渦から離れて、冷静に見ることも必要です。そうすることで「第三の道」が見えてきます。一方向の情報だけで判断してはいけません。全く反対から来る情報や二つ三つの流れから来る情報を知って、初めて正しい決断ができるのです。

２００８年、リーマン・ショックの影響で世界経済は突然、濃い霧の中に入ったように不透明になりました。先の見通しが立たず、全く予測できない世界同時不況は、過去に経験したことがありませんでした。経営判断を誤れば会社が存亡の危機にさらされる可能性さえありました。

そのときに、私がしたことは、いったんその渦から離れること。本当に悲観一色なのか？　ムードに流されて明るい兆しを見落としていないか？やがて混乱は収束するだろう。その局面でライバルに半歩先んじるために、守るべきものは何か、不況を逆手にビジネスチャンスに変えられるものはないか……客観的に物事を見つめるべく、渦から離れて頭の中で思いを巡らせてみました。

そうして見えてきたことは「入るを量りて出ずるを制す」という経営の原点に立ち返ること。徹底した短期利益の確保が重要だと考え、状況に応じて、段階的に発動できる緊急の経費削減策を取りまとめました。一方で、成長分野である「環境」「新興国」「保守・メンテナンス、サービス」への戦略的な投資にはこだわる、との方針を打ち出しました。

この決断が、その後の成長につながりました。

A3

ＡＩ時代のリーダーには今まで以上に人間力が求められます。

直観力は好奇心から生まれる

リーダーに求められる決断。それは先見性と洞察力に基づき、理路整然と下せるものばかりではありません。断崖絶壁に追い込まれたとき、優れた経営者は「自分なりの何か」で思い切った決断をしたという話をよく聞きます。

その「何か」とは、**経験や現場感覚に基づいた「直観力」**でしょう。

単なる「思いつき」とは全く異なる力です。

もっともらしい理屈や世間の常識、通説などに振り回されない独自の感覚で、世の中の動向をつかんで「こうだ」と決める。その直観力は「動物的勘」ともいえるものです。大きな決断を下す上で、私は非常に重要視しています。

賛成派が少なかったり、誰もが耳を疑ったりするときのリーダーの決断は、その多くを動物的勘を拠り所にしていると思います。その研ぎ澄まされた感覚が、組織の窮地を救うことがあります。

私は、この直観力も、磨くことができると思っています。

そのためには、純粋な好奇心を大切にすることです。

それは、給料を稼ぐためにとか、家族を養うために「これをやらなくては」というところから生まれるものではありません。「一度は味わってみたい」とか、「あの地に旅してみたい」とか、「あこがれの人と話してみたい」とか、ワクワクする素直な気持ちです。

誰にでも、子どもの頃にはあったはずです。何を見ても、何を食べても、どこへ行っても、誰と会っても、全てが新鮮で、もっと、もっと高ぶる気持ちを抑えられない頃。今の自分にとって、そんな純粋な好奇心が湧き上がってくるものは何だろう？と改めて自分に問うてみる。少年の心に戻ってみるのです。

そして、それが分かったら実際に行動してみる。味わったり楽しんだりしてみる。そうすることが、持って生まれた固有の資質を磨く原動力になるのではないかと思います。

頭の中は、３６５日仕事のことばかり、休日も仕事漬けではこういった感覚を磨くのは難しいと思います。

仕事から頭を切り替えて、いろいろなものに触れる機会を作る。そして仕事、趣味、家庭、友人など、人生の関心事はできるだけ広範囲の方がいい。

それが人間としての幅を広げ、好奇心をかき立て、結果として、直観力を磨くことにつながります。

できるだけ多くの人と会い対話をする

これからのＡＩ時代のリーダーは、今まで以上に人間力が求められます。

私が考える人間力のある人とは、感受性が豊かで、好奇心を持っているだけでは十分ではありません。自分の意見を言い、他の人の批判を聞き、相手の立場に立って物事を判断できる人です。

日本人は、今も昔も対話が苦手だと言われます。

自分の意見を言い過ぎると謙虚さが足りないと言われ、黙っている方が賢い人や良い人と見られる傾向があるからかもしれません。

逆に外国人の多くは、自分の主張を披露することを当たり前と思っているし、それを周囲も認めています。

意見を言うと叩かれることもあるでしょうが、間違っていれば考えを改めればいいだけのこと。グローバルの時代に聞く側に回っているだけでは、相手を理解することも、自分を理解してもらうこともできません。**「私はこう思う」「私はこうしたい」という提言がなければ真の対話とは言えない**のです。

それは、自分と異なる考え方や価値観を持つ人にも同じことが言えます。対話する力は、これまで以上にリーダーが磨いていかなければいけない能力である、と私は考えています。

そのためには、できるだけ多くの人と会い、対話をすることが大切です。

人間力のある人は相手からも「この人と話したい」と思われるものです。

協創の時代といわれるこれからは、自分のなかにある価値観や考え方とは全く異なる人や組織と、仕事を進めていく機会が増えるでしょう。組織を任されるリーダーなら、なおのこと外の人との交流に積極的にならなければいけません。対話によって初めて、相手を理解することができるからです。

積極的に外と交わっていくには、謙虚さを忘れてはいけません。「立場が上になったからといって、自分の視野などたかが知れている」といった気持ちが欠けると、つい自分の意見を言い過ぎてしまいます。

そういう人と「また話したい」とは思いませんよね。**謙虚さがなくなれば、自分自身の成長を止めてしまいます。**

A4

夢や志を持ち
挑戦し続ける人が
真のリーダーに
なっていく。

「こうしたい」「こうなりたい」という強い意志を持ち続ける

最後に、リーダーとして持っていてもらいたいものをもう一つ挙げます。

それは、自分の組織はこうありたい、こうしたいという夢や志です。

そして、それを必ず達成するという強い意志を持つことです。

他の人が聞いたら、とうてい不可能と思うような、とんでもない夢でもかまいません。それがあれば、自分の仕事に対する姿勢が違ってきます。

リーダーの強い意志は、メンバーの実行力を高めることにつながります。

たとえば、あるときに、誰かの意見に従って決断したとします。もちろん、いろいろな人の声に耳を傾けることは大切です。しかし、他の人の意見に依存して決めてしまうと、実行の場面でリーダーシップが弱くなりがちです。自分の思いが入っていないからです。

逆に、他の人の意見に耳を傾けた上で、自分の意見を入れて決断すると、成功への思いが格段に強くなります。その思いの強さはメンバーにもはっきりと伝わり、実行するときの大きなエネルギーになります。同じ決断でも、リーダーの情熱や魂がこもっているかどうかによって、人の動き方が変わってくるからです。

第1章でも述べたように、私は、人間の能力に大きな差はないと思っています。**リーダーとして周囲に認められるか、そしてリーダーとして成果を出し続けられるかどうかは、夢や志を持ってそこに向かって挑戦し続けられるかどうか、にかかっているる**と考えています。

その覚悟を持つ人こそが、真のリーダーになっていくのです。

そして、夢や志を実現するために必死に試行錯誤するリーダーの姿が、メンバーの心を動かすのです。

それは、未来も変わらないのではないかと思っています。

終　章

凡庸な「問い」からは凡庸な「答え」しか生まれない

この本を読んで、リーダーのあなた、またリーダーを目指すあなたはどんな感想を持たれたでしょうか。あまりにも「人」のことばかり書いてあるので、驚かれた方もいるかもしれません。本書の中で紹介してきたメンバーの育て方や多様なメンバーを束ねていく方法などは、すべて私が自ら実践してきたことでもあります。

組織が人の営みである以上、成果を求めるためにリーダーは人に焦点を当てるべきであるという本質は、未来でも変わらず通じる、と私は思っています。

しかし、時代の変化とともに求められるリーダーシップの形は変わっていきます。どのような時代にも共通する普遍的なリーダー像というものは存在しません。リーダーに求められる資質や役割は、それぞれの社会が持つ文化的な特徴や時代背景などによって異なります。

現在、私たちはグローバル化とデジタル革命が進展するなかで、コロナ禍という未曽有の危機に直面しています。コロナ禍で経済・社会のパラダイムシフトが加速しており、現在の延長線上の世界観では未来を拓くことはできないでしょう。

そのような時代の変革期に立つリーダーに最も求めたいことは、解くべき「問い」を立てる力です。そのためには、常識的な分析や解説を鵜呑みにすることなく、自分の頭で考えて、考えて、考え抜くことが大事です。凡庸な「問い」からは凡庸な「答え」しか生まれません。

身近な例を挙げてみましょう。最近、メディアでよく取り上げられていることに「ジョブ型」「メンバーシップ型」といった雇用慣行・制度のあり方を巡る議論があります。「日本は旧態依然としたメンバーシップ型から脱却し、欧米流のジョブ型に切り替えていくべきだ」といった論調が強いように感じます。

メディアとしてはジョブ型対メンバーシップ型という「争点」を形成しないと記事として面白くない、という事情があるのでしょう。

しかし、メディアが作り出した世の中の「空気」に流されて、ジョブ型を深い考察なしに採り入れるような動きには疑問を感じざるを得ません。一律に欧米流のジョブ型にシフトすることは、長期的な人材育成、経営と従業員との一体感、帰属意識、ロイヤリティ、チームワーク、現場力、暗黙知など、多くの日本企業が競争優位としてきた「強み」を失ってしまうのではないでしょうか。世の中の空気に流されて「角《つの》を矯（た）めて牛を殺す」ようなことになっては本末転倒だと危惧します。日本的経営の良さをジョブ型の安易な導入で壊してはなりません。

もっとも、私は決して「ジョブ型」を否定しているわけではありません。むしろ、「ジョブ型」の良い点は、積極的に採り入れていくべきだと考えています。キャリア採用の社員には職務要件を明確に定め、それに合ったスキルや経験を持っている人を採用しています。そもそも、データサイエンティストや医療・ヘルスケア分野など、一部の専門性の高い職種はジョブ型でなければ採用できません。

ちなみに、ダイキン工業の雇用形態は、日本型のメンバーシップ型雇用（年功序列、終身雇用、職能資格制度）とは一線を画しています。年功序列を例にとれば、定期昇給ベースアップは十数年前にやめています。若手の頃からの評価格差の拡大、早期昇格、職能資格に関わらない役職への抜擢登用など、徹底した実力主義を採っており、年功要素はほとんど残っていません。当社はジョブ型の良さも採り入れながら、独自の「ハイブリッド型」の雇用形態を構築していくつもりです。

メンバーシップ型もジョブ型も、それぞれに一長一短があり、どちらが優れているとは一概に言いきれません。そもそも、メンバーシップ型もジョブ型も手段に過ぎません。目的は組織の生産性を上げることです。昨今の「働き方改革」をめぐる世の中の議論を聞いていると手段が目的化していると感じます。

少し話が膨らみました。この話の要諦は「メンバーシップ型が良いのか、ジョブ型が良いのか」といった単純な二項対立の「問い」を立てても、本質的な問題の解決にはつながらないということです。ポストコロナの混沌とした時代を生きていく皆さんには、解くべき「問い」を見定める洞察力を磨いて欲しいと思います。

リーダーとしての自分の成長は自分自身にかかっている

松尾芭蕉が提唱した俳諧の理念に「不易流行」があります。「不易」とは変わらないということ。時代が移っても変わらないものがあり、また、変えてはならないものがあります。「流行」とは時代とともに移り変わっていくもの、また、変えていかなければならないもののことです。

これは経営にも通じるものです。企業経営における不易とは経営哲学・理念であり、流行とは経営環境の変化に適応するための戦略と組織のありようです。

経営理念は、組織の一人ひとりが日々の行動や判断に迷ったときの「心の座標軸」になります。ダイキングループにおいては「人を基軸におく経営」という基本理念です。自分たちが大切にしてきた誇りや理念が根底にあることで戦略と組織が有機的につながり、時代を超える強い組織ができるのだと考えています。

最後に、私がダイキングループの経営者として貫いてきた「人」への思いを不易として語ることで皆さんへのエールとしたいと思います。

「人を大切にする」と言わない企業はないでしょう。しかし、そう言っている企業が、実際に従業員の納得性や意欲を高めたり、理想的な職場環境を作っていたりできているでしょうか。現実として、中心に置かれているのは利益や戦略、そういう会社が多いように思います。

いくら良い組織体制を作っても、その目的を達成するために最適な人がいなければ組織は有効に機能しないし、どんなに素晴らしい戦略があっても、成功するかどうかはそれを実行する人にかかっているのです。

私は社長就任以降、事あるごとに「縁あってダイキングループに入った従業員が、唯一でなくても最大の生きがいを感じられる職場をいかに作るか、生き生きとやりがいを持って働き、持てる力を最大限に発揮してくれる環境をいかに作るかが経営陣の重要な役割の一つである」と言ってきました。

これがダイキンの「人を基軸におく経営」の根底に流れる考え方であり、私が会社生活の試行錯誤の経験から、確認し、実践していこうと決めた信条でもあります。「人を大切にする」。これは、企業経営に限らず、様々な組織のリーダーを目指す皆さんにも実践してもらいたいことです。

そのためには、自分と同じように他人のことを考えるしなやかな心、思いやり、一生を通じて持つべきものを表す「恕（じょ）」の精神を持って欲しい、と思います。「恕」とは何か。論語の中にある言葉で「人の心を自分の心のごとく思いやる」という意味です。それは、決してメンバーを甘やかすことではありません。人の成長を心から願い厳しく叱咤激励することもあります。本気で相手のことを思い、ときには心を鬼にした猛烈な厳しさこそが最大の優しさであり、まさに「恕」ではないか、と私は考えています。

人というのは誰でも、うれしいときには喜び、悲しいときには泣く。人を信頼することもあれば、不信感を抱くときもある。成長したい、成功したいと願う一方、楽をしたい、安定したいと思う。これらの感情は、国籍・人種・性別にかかわらず、あらゆる人に共通したものです。そうした相反する気持ちが、一人ひとりの中にあることを知ったうえで、人に接する、待つ、許すという寛容さを、リーダーには持ち続けて欲しいと思います。

そして――リーダーとしての自分を成長させられるかどうかは自分自身にかかっています。

人が最初に考える目標というものは、甘いものだと考えなければいけません。人間は向上したいという思いを誰でも持っているのですが、同時に、ここらあたりで休みたいという思いも持っています。自分自身を甘やかす、易《やす》きに流れる、それを防ぐのは自分なのです。自身で防げないときには、他の人に叱ってもらう、教えを請いに行く、本に答えを求める、といった方法もあります。そういう行動を起こすことも含めて「自分を成長させるのは自分自身」と言いたいのです。

リーダーとしての成長は、資質を磨くだけでは足りません。自分に足りない、やらなければならない、と思うことを「自分に課す」ことです。私の場合は「自らの行動をその日のうちに振り返る」「これでいいのか自問自答する」「同じ目線で話す」「聞く側に回る」「苦手な人にこそ近づく」といったことでした。偉そうに言いましたが、今なお、完全にできているわけではありません。私もリーダーとして、まだまだ未完成だと思っています。

自分に足りないもの、学ばなければいけないものを自らに課し、自分を磨き続けることを忘れないでください。自分を律することなくして、人を率いることはできません。

私は、皆さんのリーダーとしての可能性を心から信じています。

【データ編】

※各種資料をもとにプレジデント編集部作成

数字で見る「社長就任前と現在の経営比較」

1994年6月の井上の社長就任以降、ダイキンはグローバル展開を加速し、現在の事業展開国数は150カ国を超える。グローバル市場でいかに成長を果たしたのか。その変化の大きさをデータで比較したい。

	1994年3月	2021年3月（計画）	
売上高	3,708億円	2兆4,600億円	約6.6倍に
経常利益	△39億円	2,320 億円	赤字からの急成長
営業利益	28億円	2,320億円	約83倍に
海外事業比率	14%	約77%	約3/4は海外に
従業員数	12,705人	約83,000人	8 万人超へ
海外従業員比率	約15%	約83%	8 割以上が外国人に
グローバル生産拠点数	11カ所	108カ所	大幅増

年表とグラフでみる
「社長就任から27年のダイキン工業の経営の歩み」

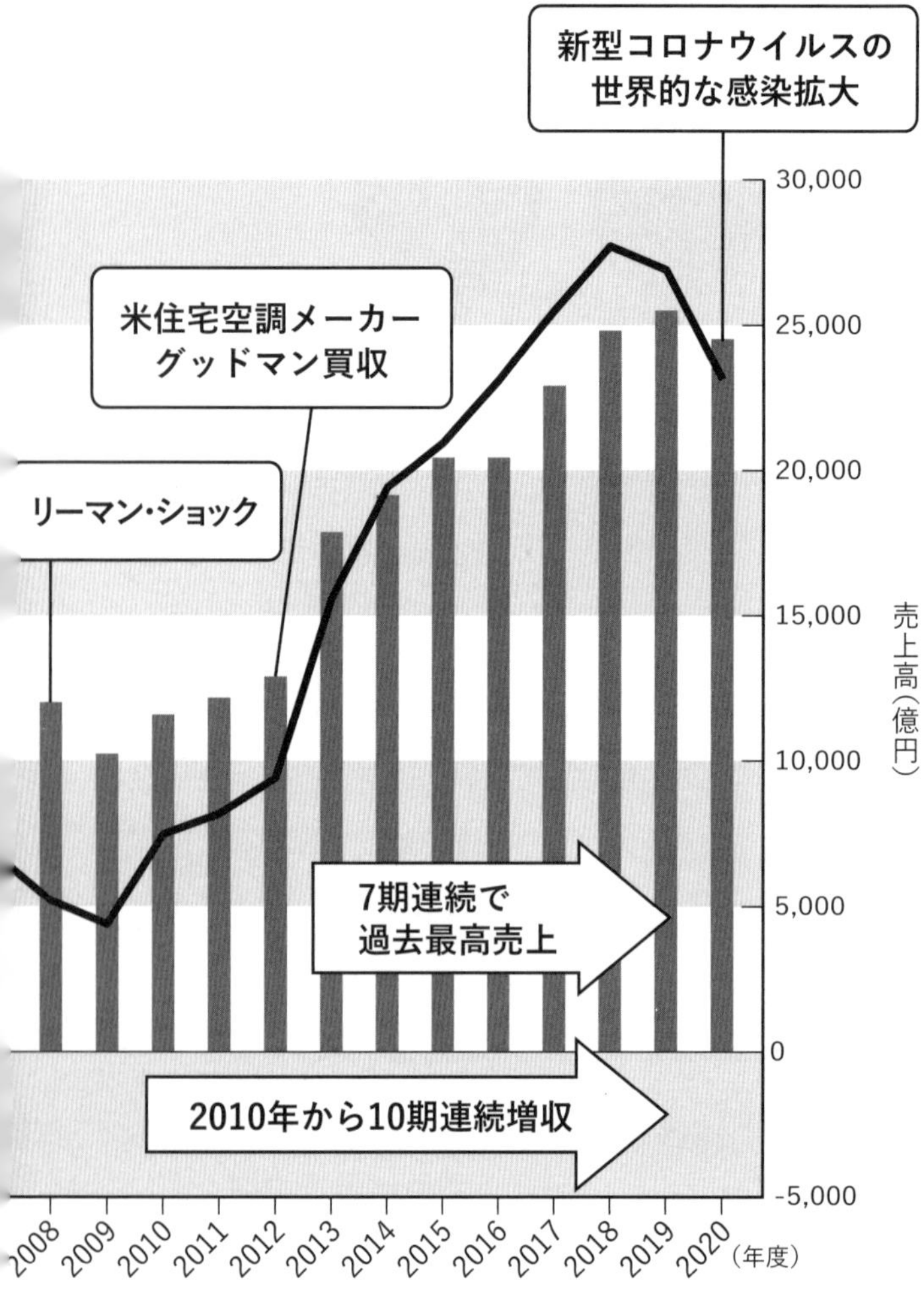

※2020は2021年3月（計画）

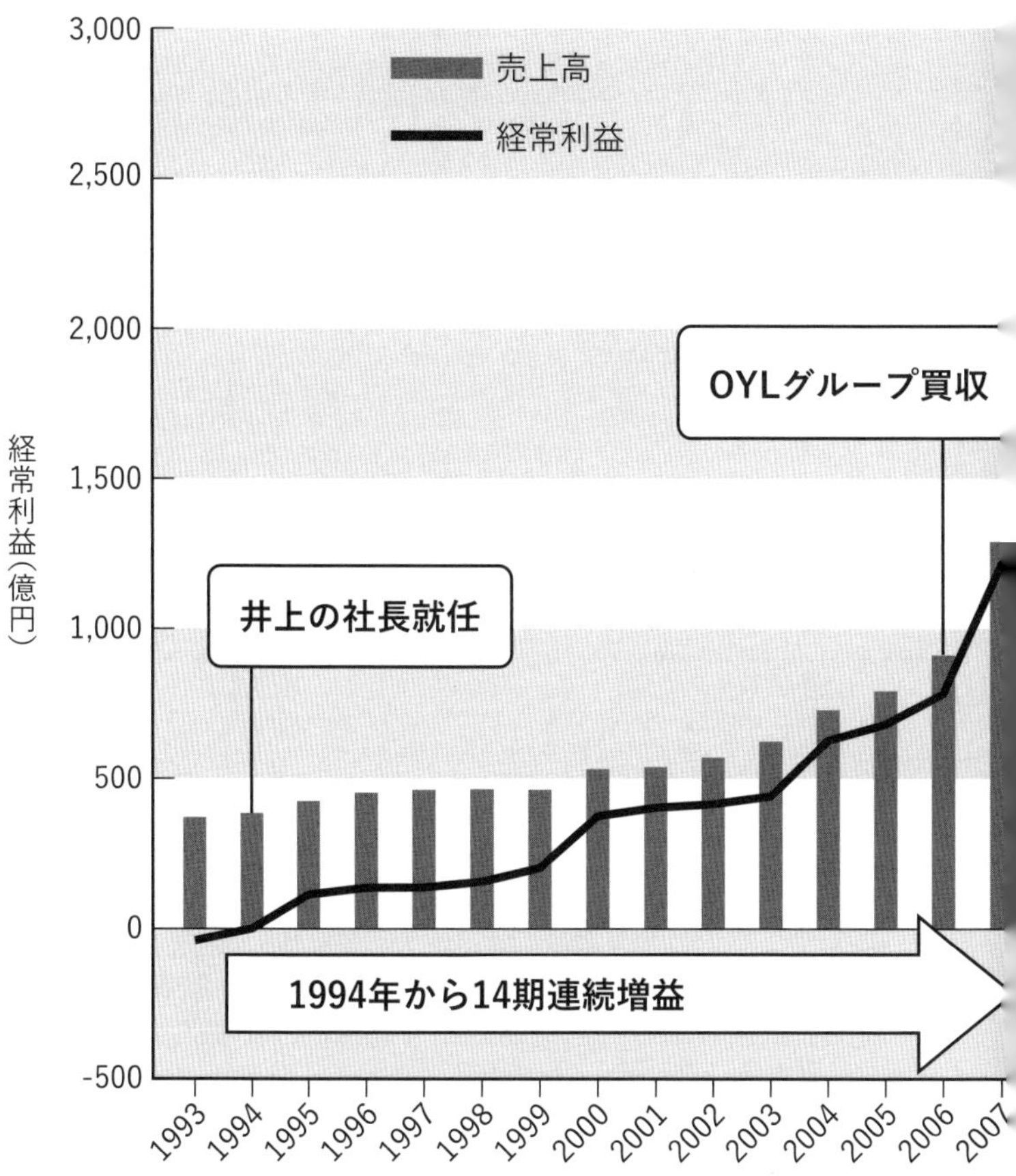

3,000
2,500
2,000
1,500
1,000
500
0
-500
経常利益(億円)
売上高
経常利益
OYLグループ買収
井上の社長就任
1994年から14期連続増益
1993
1994
1995
1996
1997
1998
1999
2000
2001
2002
2003
2004
2005
2006
2007

1994年	**空調事業の抜本的改革をスタート** バブル経済崩壊、円高、冷夏の中で1994年3月期は17年ぶりの赤字。 井上の社長就任後、グローバル市場での空調事業拡大をめざし、業務用、 住宅用、大型空調（アプライド）の「3本柱」で品ぞろえを強化する戦略を策定した。
1995年	**中国初の生産拠点を上海に設立** 日系空調メーカーの最後発で中国に進出。当時、市場規模が大きかった ルームエアコンではなく、強みの業務用空調を主力とする戦略で市場参入。 1996年より業務用空調機の生産を開始した。
	戦略経営計画「フュージョン21」を策定 グループ経営理念および現状認識の下、5年先のありたい姿と、3年先の 経営数字にこだわる有言実行の戦略経営計画に基づく経営を1996年より スタート。空調のグローバル展開を進めた。以後、現在に至るまで5年ごとの 戦略経営計画を定める「フュージョン経営」を継続している。
1998年	**空調機器販売会社をドイツ・ミュンヘンに設立** ドイツを皮切りに欧州各国の販売代理店を次々と買収し、自社の グループ販売会社にすることで、ダイキン独自の販売戦略の実行力・展開力を 強化。現在の欧州域内における強固な販売体制の礎を築いた。
2003年	**空調機器生産拠点をチェコ・ピルゼンに設立** 2003年の欧州における記録的な猛暑に対応し、業務用空調機を生産する 予定だった当初の予定を変更。住宅用ルームエアコンの生産を決定し、 欧州市場にルームエアコンを安定供給する生産体制を整えた。
2006年	**グローバル大手空調メーカー「OYL」（マレーシア）を買収** 買収金額約2,400億円。大型空調、ソリューション事業をはじめとする新しい 事業領域を獲得。北米や新興国市場での事業拡大の基盤を確立した。 事業展開のスピードを加速させ、足りない部分を補うことを目的とした、 「時間を買う」「人を買う」「人材育成の“場”・機会を買う」買収した。
2008年	**中国最大の空調メーカー「珠海格力電器」と業務提携** 省エネ性に優れるインバーターエアコンの共同開発で合意。 「オープン化戦略」により、ダイキンが培ってきたインバーター技術を中国で最大の シェアを持つ格力に供与し、中国市場でのインバーターの普及を促した。 空調機の環境技術としてインバーターの認知が定着し、世界各国の省エネ規制 策定に影響を与えた。
2009年	**インド・ラジャスタンに空調機器生産拠点を設立** 業務用エアコンおよび大型空調機の生産を開始した。
2011年	**空調機器生産拠点「大金空調（蘇州）有限公司」を中国・蘇州に設立** 住宅用ルームエアコンおよび店舗用エアコンの生産を開始した。
	空調機の冷媒HFC-32の特許無償開放 ダイキンが保有する「HFC-32を用いた空調機の基本特許」などを無償開放。 HFC-32は当時主流だったR-410Aなどと比べて、温暖化影響の少ない冷媒。 技術のオープン化戦略により、グローバル市場での住宅用・業務用空調機の HFC-32採用を促した。

2012年	**米国住宅用空調大手「グッドマン」を買収** 買収金額約3,000億円。世界最大の米国の空調市場で、ダクト式の住宅用空調・業務用空調市場に本格参入。買収により、世界の多様な空調ニーズに応えられる品ぞろえを拡充し、グローバルでの事業基盤を強化した。
2015年	**技術開発拠点「テクノロジー・イノベーションセンター」を設立** 国内3 拠点（堺・滋賀・淀川製作所）に分散していた技術者を集約し、グローバルに広がるダイキングループの技術開発のコア拠点として大阪府摂津市に設立。イノベーションの創出には、異業種・異分野の技術を持つ企業や大学、研究機関との融合を通じて新たな価値を創り上げる「協創」が必要という考えに基づき、産官学連携を加速した。
2016年	**米国のエアフィルターメーカー「フランダース」を買収** 買収金額約500億円。エアフィルターの世界最大市場である米国でトップメーカーになると同時に、グローバル市場でもリーディングカンパニーの地位を獲得。住居やビル・工場の空気環境改善をはじめ、大気汚染の抑制など環境問題の解決、快適な空気環境の創造などグローバルで持続的な成長が見込まれるフィルター事業の拡大につながった。
2017年	**空調機器生産拠点「ダイキン・テキサス・テクノロジーパーク」を米国・テキサスに設立** 北米空調事業ナンバーワンをめざし、米国内の4工場と、物流拠点を統合し、マーケティング、サポート機能をも集約したダイキン最大規模の生産拠点として設立した。米国で販売する全商品を生産する。
2018年	**ベトナム・ハノイ近郊に空調機器生産拠点を設立** 住宅用ルームエアコンの生産を開始した。
	オーストリアの冷凍・冷蔵ショーケース大手「AHT」を買収 買収金額約1,145億円。ショーケースが商材として加わり、空調と冷凍・冷蔵機器の幅広い製品群をもとにした商品・サービスや、新たな省エネ・環境ソリューションをワンストップで顧客に提供できる体制を構築した。
	産官学連携による協創イノベーション パラダイムシフトの時代に持続的な事業発展を続けるため「自前主義を脱却した、協創イノベーションの実現」を掲げて、大学や研究機関との包括連携を進めている。2018年に東京大学と締結した「産学協創協定」では、10年間で100億円規模の資金を拠出することを決め、両組織の包括的な共同研究および人材交流や東京大学関連ベンチャー企業との協業を推進。未来社会において重要性が高まる「空気の価値化」を軸にイノベーションを生み出し、複雑な社会課題の解決・新たなビジネスの創出をめざしている。 主な提携連携先： 中国・清華大学（2003年）、奈良先端科学技術大学院大学（2012年）、京都大学（2013年）、大阪大学（2016年）、産業技術総合研究所（2016年）、理化学研究所（2016年）、東京大学（2018年）、同志社大学（2020年）

井上礼之（いのうえ・のりゆき）

ダイキン工業（株）取締役会長 兼 グローバルグループ代表執行役員。1935年（昭和10年）、京都府京都市生まれ。1957年、同志社大学経済学部卒業後、大阪金属工業（現ダイキン工業）入社。主に総務・人事畑を歩み、1979年、取締役。1994年社長、1995年会長兼社長、2002年に会長兼CEO。2014年より現職。バブル崩壊、円高、冷夏の影響で17年ぶりに赤字に転落した直後の1994年の社長就任以降、「人の持つ無限の可能性」を信じ、「企業の競争力の源泉はそこで働く『人』の力である」、「従業員一人ひとりの成長の総和が企業の発展の基盤である」という信念のもと、「人を基軸におく経営」を実践。経営のグローバル化に大きく舵を切り、数々のM&Aや、産官学の連携・提携を推進し、ダイキン工業を空調業界の世界ナンバーワン企業へと牽引した。

人を知り、心を動かす

リーダーの仕事を最高に面白くする方法

2021年4月3日　第1刷発行

著者　井上礼之
発行者　長坂嘉昭
発行所　株式会社プレジデント社
〒102-8641
東京都千代田区平河町2-16-1　平河町森タワー13階
https://www.president.co.jp
電話（販売）03-3237-3731
（編集）03-3237-3737

編集協力　洗川俊一
図版作成　大橋昭一
写真　澁谷高晴
装丁・本文デザイン　木村友彦

販売　桂木栄一　高橋 徹　川井田美景　森田 巌　末吉秀樹
編集　内林大士
制作　小池 哉
印刷・製本　株式会社ダイヤモンド・グラフィック社

ISBN 978-4-8334-5177-2
Printed in Japan